京都人にも教えたい京都百景

鳥居本幸代

春秋社

はじめに

京都の夏は盆地特有の蒸し暑さ、冬はシンシンと底冷えがします。とても住みやすい環境とは言い難いのですが、それを補っても余りある魅力あふれる町です。その根源は千年もの長きにわたって都が置かれ、さまざまな文化が生まれ、発信され続けてきたことではないでしょうか。

私はそんな京都に生まれ、何十年も比叡山の麓で暮らしていますが、京都を特集した旅番組がテレビ放映されるたび、なぜか観てしまいます。どのような切り口で京都が紹介されるのだろうか、自分の知らないことが取り上げられているのではないだろうかという興味からかもしれません。それほど、京都の魅力は奥深く、「京都・観光文化検定」や「京都学」という学問分野が誕生した所以も、ここにあるといえるでしょう。

さて、京都観光のはしりは江戸時代に遡り、貝原益軒や本居宣長など名だたる文人が名所旧跡を訪ね歩きました。その後、安永九年（一七八〇）、『都名所図会《ずえ》』と号したガイドブックが刊行され、京都観光は大ブレークしたのでした。案内文もさることながら、イラスト入りの新趣向は好評を博し、続編の『拾遺都名所図会』（一七八七年）『都林泉名勝図会』（一七九九年）『花洛名勝図会』（一八六四年）などにも受け継がれたのです。

イラストが挿入されることによって、この目でみてみたいという欲望にかられることは必定です。京外から訪れる人々には有効な手引きになったことはいうまでもありませんが、都人も読みふけったのではないでしょうか。未知なる名所を発見したり、すでに訪れたことのある名所でも文学性あふれる案内文を読むと、また、行きたくなったのではないでしょうか。

本書は、時空を超えて、平安時代や江戸時代にタイムスリップして、京都の名所旧跡を巡ることに主眼を置きました。たとえば、昨今、国内外からも人気スポットとして名高い千本鳥居のある伏見稲荷大社を訪れたとしましょう。足弱になった清少納言は、とても苦労して参道を登ったというのですが、彼女のようにヘトヘトにならず、一日に七往復もした健脚の女性（本文参照）のように登り切ることができるでしょうか。また、京都の町を一望できる清水の舞台に立ったとき、恐怖をモノともせずに飛び落ちた町娘の信仰心を思いやることができるでしょうか。もしも清少納言だったら、もしも飛び落ちた町娘だったらと思うとワクワクしませんか。今までの京都探訪と一味ちがった、新たな感動を覚えさせてくれるでしょう。

また、巻末の「おすすめコース」は拝観時間・交通事情等を考慮して、時間的に余裕を持たせたプログラムにしました。京都は一年を通じて異なる景色をみせてくれますので、いちばん魅力的な時期を一月ごとに提案していますが、少々時期がずれても期待を裏切りませんから安心してください。

あぁ、また行きたい！　そう思わせるのが京都なのです。

京都人にも教えたい
京都百景　目次

其の二

平安の才女・紫式部がみた都の風景　31

其の三

才気煥発・清少納言が体感した平安京つれづれ　57

其の四

諸行無常の世界……79

其の五

都人の口福……105

京都市街広域

❶は本文の当該項目番号を表し、
①は同項目内・表組欄に記載があることを表す

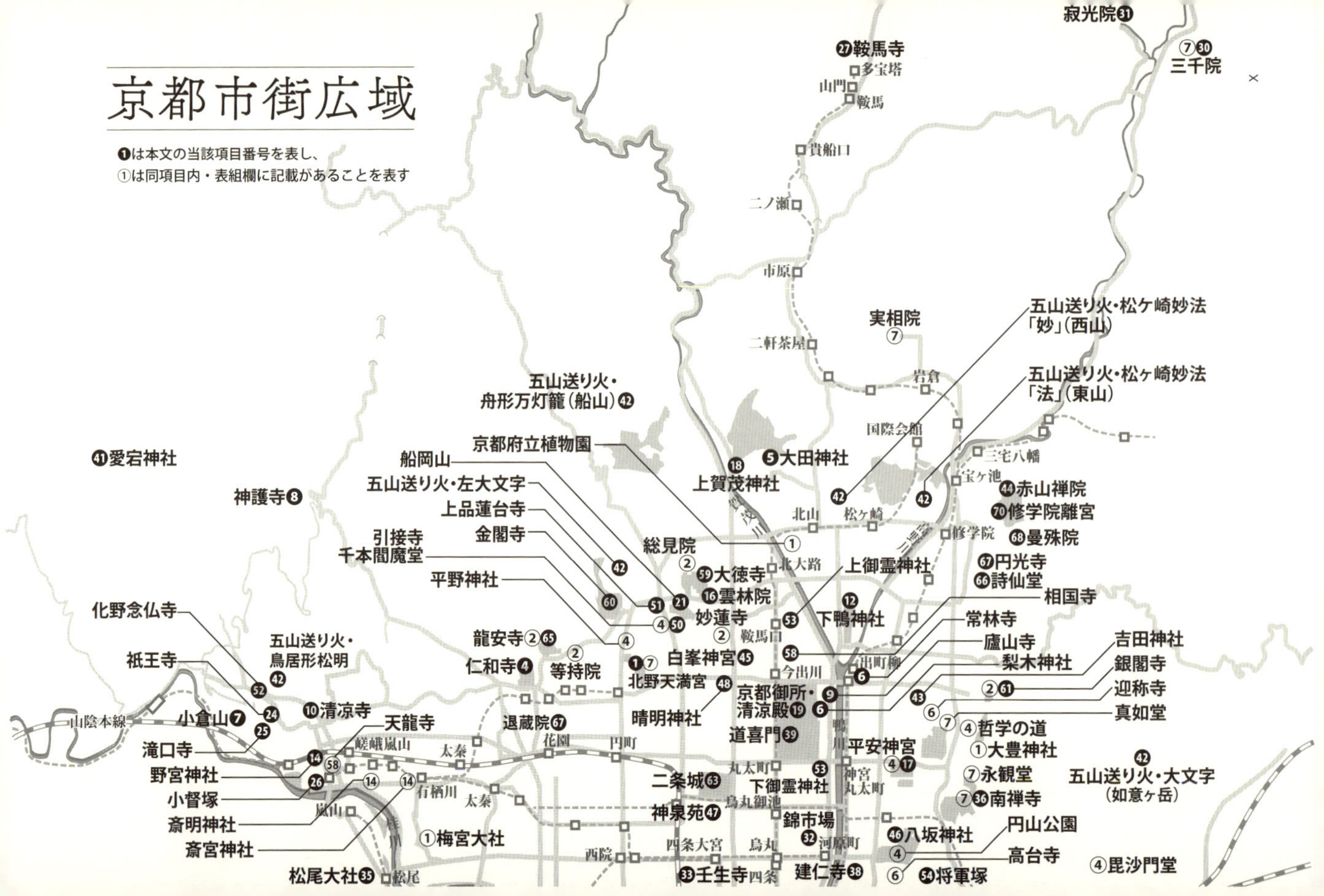

西芳寺64
②地蔵院
阪急嵐山線
上桂
西京極
丹波口
五条大橋28
清水五条
49
御陵
六道珍皇寺
40清水寺
西本願寺・飛雲閣62
11渉成園
29三十三間堂
山科
四宮
追分
69桂離宮
京都駅
東野
東海道新幹線
桂
東寺
九条
東福寺
23泉涌寺
57東福寺
阪急京都線
十条
十条
地下鉄東西線
椥辻
伏見稲荷
20伏見稲荷大社
稲荷
桂川
上鳥羽口
深草
勧修寺
①13
小野
①随心院
大原野神社15
藤森
名神高速道路
向日町
東向日
竹田
3醍醐寺
醍醐
東海道新幹線
東海道本線
墨染
JR藤森
伏見
奈良線
京都縦貫自動車道
石田
西向日
丹波橋
桃山
六地蔵
伏見桃山
木幡
木幡
長岡天神
長岡京
京阪宇治線
37萬福寺
黄檗
黄檗
阪神高速8号京都線
近鉄京都線
京阪本線
京滋バイパス
名神高速道路
三室戸
宇治
55宇治上神社
宇治
平等院56
第二京阪道路
八幡市
22石清水八幡宮

至岩倉
八幡前
ケーブル八瀬
八瀬比叡山口
国際会館
三宅八幡
宝ヶ池
地下鉄烏丸線
㊷五山送り火
松ヶ崎妙法
「妙」（西山）
㊷五山送り火
松ヶ崎妙法
「法」（東山）
㊹赤山禅院
㊿修学院離宮
松ヶ崎
修学院
高野川
㊳曼殊院
一乗寺
㊽円光寺
⑫
下鴨神社
茶山
元田中
出町柳
❻常林寺
②㊶銀閣寺
庐山寺
❾
梨木神社
㊸吉田神社
⑥迎称寺
❼
真如堂
④哲学の道
河原町通
鴨川
京阪本線
①大豊神社
神宮
丸太町
平安神宮
④⑰
五山送り火・大文字㊷
（如意ヶ岳）
⑦永観堂
川端通
東大路通
⑦㊱南禅寺
東山
鴨川
④円山公園
㊻八坂神社
至御陵
㊴将軍塚
㊳建仁寺
⑥高台寺
毘沙門堂④

京都市街中心部①

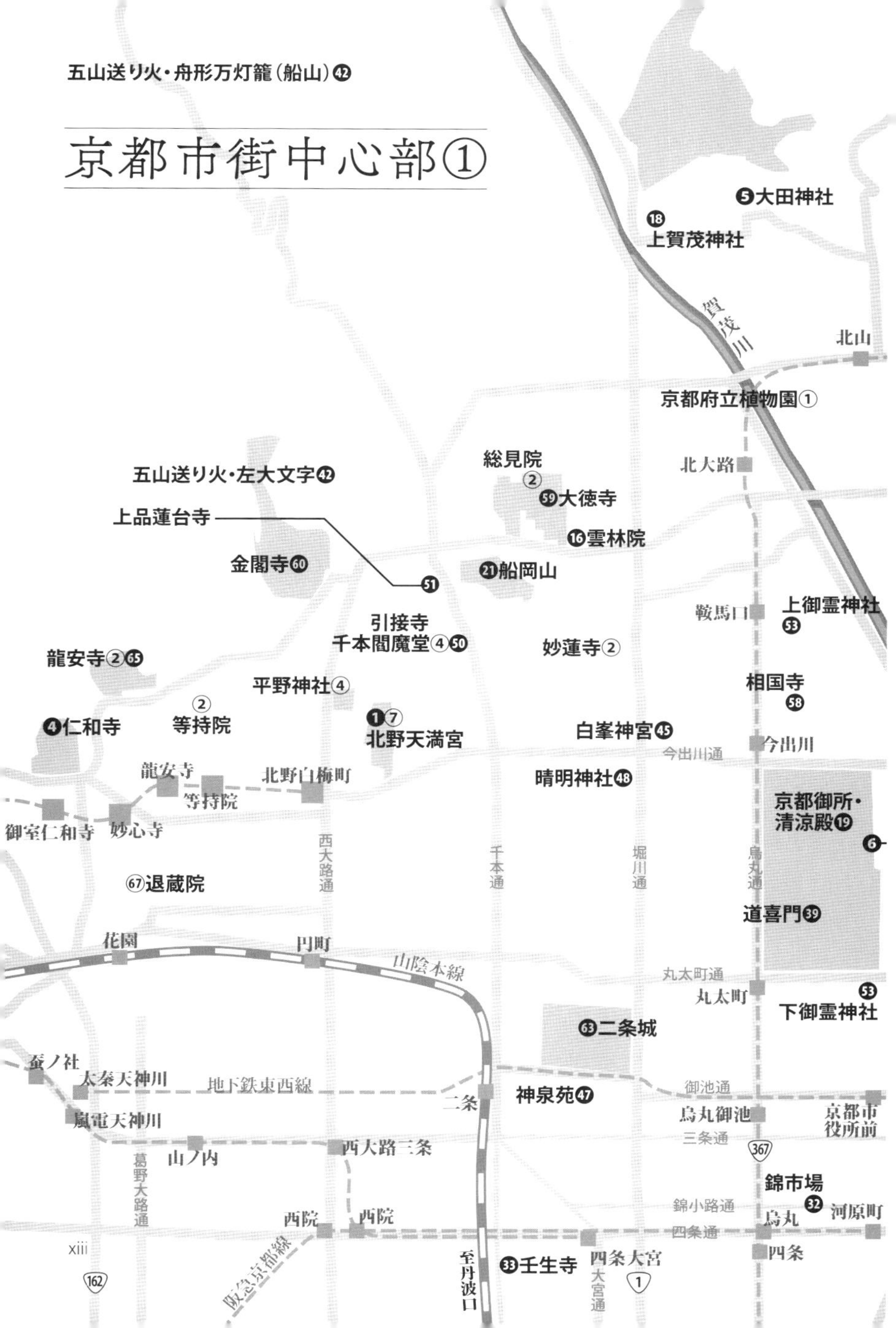

五山送り火・舟形万灯籠（船山）42
5大田神社
18
上賀茂神社
賀茂川
北山
京都府立植物園①
総見院
②
59大徳寺
北大路
五山送り火・左大文字42
上品蓮台寺
16雲林院
金閣寺60
21船岡山
51
鞍馬口
上御霊神社
53
引接寺
千本閻魔堂④50
妙蓮寺②
龍安寺②65
平野神社④
相国寺
58
②
1⑦
4仁和寺
等持院
北野天満宮
白峯神宮45
今出川
今出川通
龍安寺
北野白梅町
晴明神社48
等持院
京都御所・
清涼殿19
御室仁和寺
妙心寺
6
西大路通
千本通
堀川通
烏丸通
67退蔵院
道喜門39
花園
円町
山陰本線
丸太町通
丸太町
53
下御霊神社
63二条城
蚕ノ社
太秦天神川
地下鉄東西線
二条
神泉苑47
御池通
嵐電天神川
烏丸御池
京都市
役所前
三条通
西大路三条
367
山ノ内
葛野大路通
錦市場
錦小路通
32
河原町
西院
西院
四条通
烏丸
四条
阪急京都線
至丹波口
33壬生寺
四条大宮
大宮通
162
1

京都市街中心部②

至神宮丸太町
京都市役所前
東山
⑦㊱南禅寺
鴨川
京阪本線
河原町
④円山公園
㊻八坂神社
㊹将軍塚
毘沙門堂④
㊳建仁寺
⑥高台寺
河原町通
川端通
㊾六道珍皇寺
御陵
東大路通
清水五条
㉘五条大橋
㊵清水寺
1
京阪山科
至四宮
山科
㉙蓮華王院
三十三間堂
東福寺
東野
㉓泉涌寺
㊼東福寺
鳥羽街道
椥辻
伏見稲荷
⑳伏見稲荷大社
稲荷
勧修寺
①⑬
深草
小野
①随心院
藤森
名神高速道路
地下鉄東西線
奈良線
京阪本線
醍醐寺❸
醍醐
墨染
JR藤森
至桃山
至石田

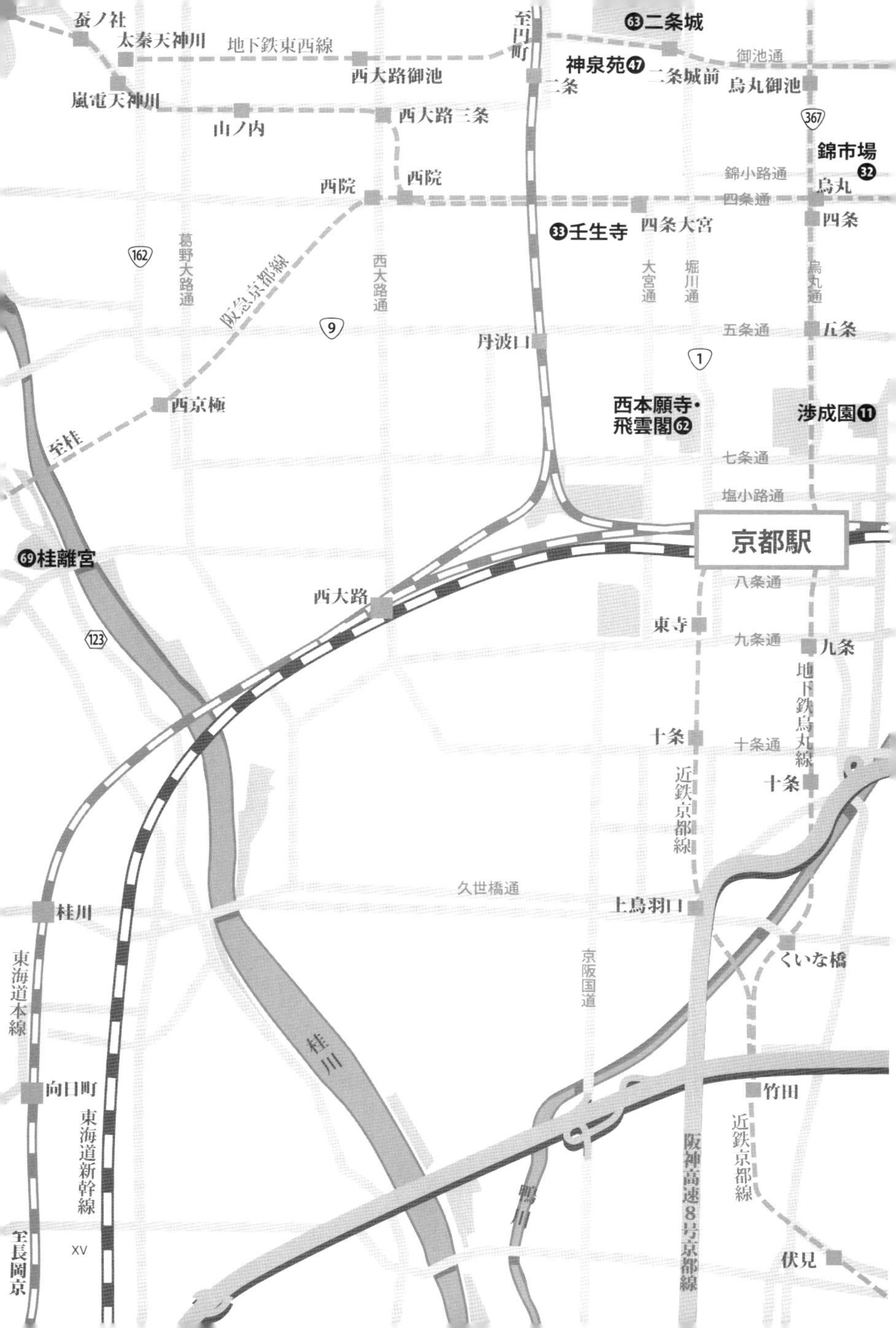

蚕ノ社
太秦天神川
地下鉄東西線
西大路御池
至円町
63 二条城
神泉苑 47
二条
二条城前
御池通
烏丸御池
嵐電天神川
山ノ内
西大路三条
367
錦市場
32
錦小路通
西院
西院
四条通
烏丸
四条大宮
四条
33 壬生寺
162
葛野大路通
阪急京都線
西大路通
大宮通
堀川通
烏丸通
9
五条通
五条
丹波口
1
西京極
西本願寺・飛雲閣 62
渉成園 11
至桂
七条通
塩小路通
京都駅
69 桂離宮
八条通
西大路
東寺
123
九条通
九条
地下鉄烏丸線
十条
十条通
十条
近鉄京都線
久世橋通
桂川
上鳥羽口
くいな橋
京阪国道
東海道本線
桂川
竹田
向日町
東海道新幹線
阪神高速8号京都線
近鉄京都線
鴨川
伏見
至長岡京

京都市街中心部③

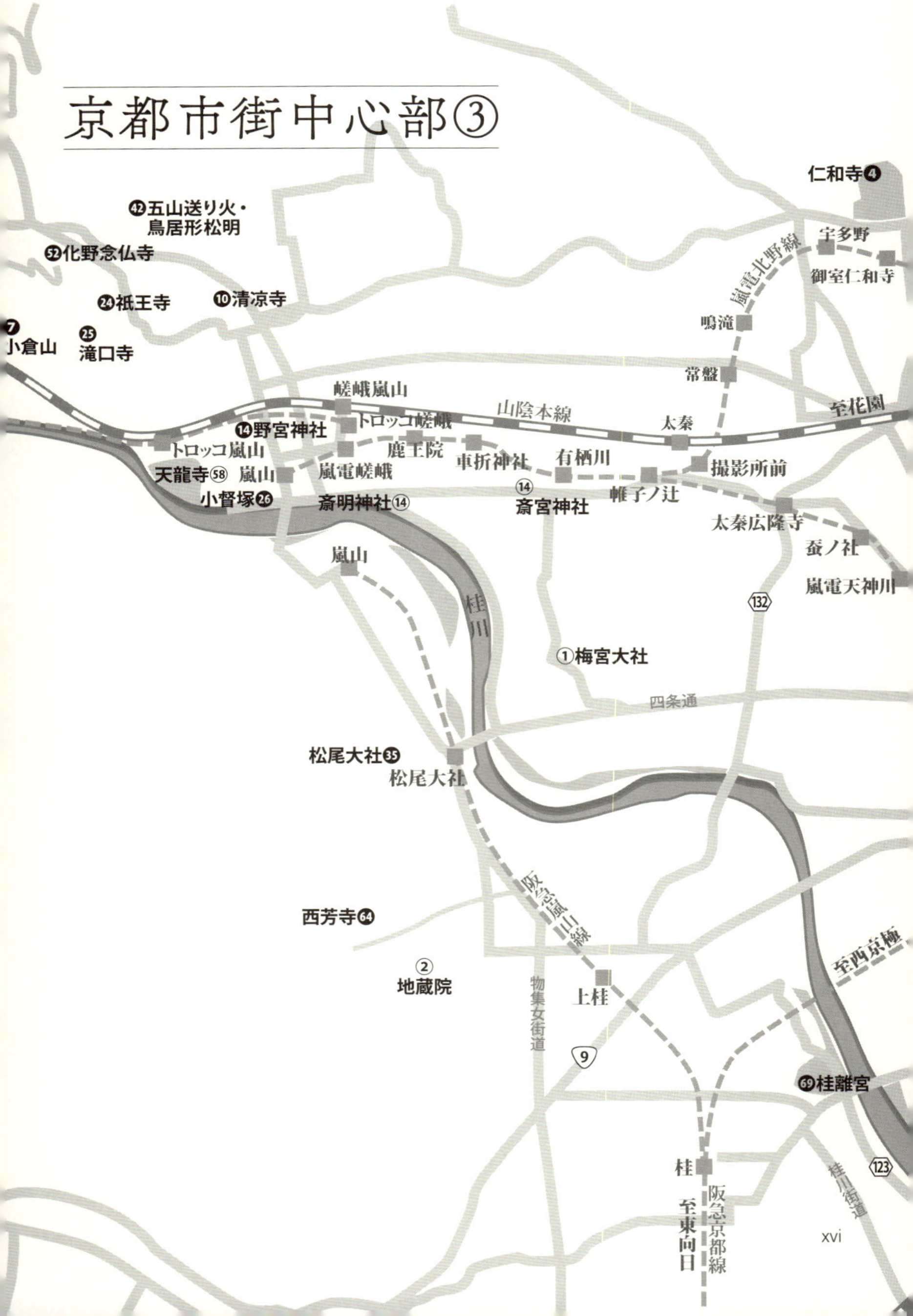

仁和寺❹
宇多野
御室仁和寺
嵐電北野線
鳴滝
常盤
❹②五山送り火・
鳥居形松明
❺②化野念仏寺
❷④祇王寺
❿清凉寺
❼
小倉山
❷⑤
滝口寺
嵯峨嵐山
トロッコ嵯峨
山陰本線
至花園
太秦
⓮野宮神社
トロッコ嵐山
鹿王院
車折神社
有栖川
撮影所前
天龍寺58
嵐山
嵐電嵯峨
⑭
帷子ノ辻
小督塚❷⑥
斎明神社⑭
斎宮神社
太秦広隆寺
蚕ノ社
嵐山
嵐電天神川
132
桂
川
①梅宮大社
四条通
松尾大社❸⑤
松尾大社
阪急嵐山線
西芳寺❻④
②
地蔵院
至西京極
物集女街道
上桂
9
❻⑨桂離宮
桂
123
桂川街道
至東向日
阪急京都線

京都人にも教えたい

京都百景

其の一
花を愛でる

1 菅原道真が愛した梅花

北野天満宮

冬の寒さに耐えて開花する梅花の清らかさは、平安貴族たちを魅了していました。梅の花には白梅と紅梅がありますが、紅梅は平安時代に入って中国から伝来し、『源氏物語』の巻名にもなり、清少納言も「木の花は、濃きも薄きも、紅梅」（『枕草子』）と述べるほど愛玩されていました。

梅花を愛した平安貴族の一人に菅原道真（八四五～九〇三年）がいます。わずか五歳にして「梅の花　紅《べに》の色にも　似たるかな　阿呼《あこ》がほほに　つけたくぞある（梅の花の色は、紅の色に似ている。阿呼―道真の幼名―の頬にもつけてみたいな）」と紅梅の色を和歌に、一一歳の時には「月耀《げつよう》如晴雪《せいせつ》　梅花似照星《しょうせい》　可憐金鏡転　庭上玉房馨（耀く月光はまるで晴れた日の雪のように澄み、梅花は照る星のようである。鏡のような月が移動するに従って、庭の梅花の房が香ってくるのは、えもいわれぬことである）」と梅の香りを漢詩に詠み、和漢の才に秀でていた片鱗をみせています。

また、自邸は紅梅の前栽《せんざい》（庭の植え込み）があったことから「紅梅殿」と呼ばれ、『枕草子』にも「家は……紅梅」と記されるほど、大層、立派な邸宅であったようです。

さて、道真と梅花を繋ぐ「飛梅伝説」という見逃せない逸話があります。祖父・清公《きよみ》も父・

星梅鉢紋釣灯籠

是善《これよし》も文章博士《もんじょうはかせ》（古代において最高教育機関である大学寮で、詩文と歴史を教授する役職）を勤めた文人一家で、道真も三二歳の時に任じられています。文人であると同時に政治手腕もあり、右大臣まで昇進しましたが、延喜元年（九〇一）、藤原時平との政争に敗れ、太宰府へ左遷されることになるのです。

失意のどん底にあったことはいうまでもありませんが、類《たぐ》い稀なる詩文の才に恵まれた道真は、こよなく愛した梅の木に、語りかけるように和歌を詠んで別れを惜しみます。それが有名な「東風《こち》吹かば　にほひをこせよ　梅花《うめのはな》　主《あるじ》なしとて　春なわすれそ（春になって東風が吹いたなら、その風に託して配所の太宰府へ香りを送ってくれ、梅の花よ。主人の私がいないからといって、咲く春を忘れるな）」の一首です。

これほどまでに愛《め》でられた梅の木は主の後を追

い、空を飛んで一夜のうちに配所の太宰府に到着したというのです。道真の心は、どんなに癒されたことでしょう。人に心があるように、花にも心があること知らしめる話といえるでしょう。

道真を祭神とする北野天満宮本殿前には、「飛梅伝説」の梅と同種と伝わる樹齢三〇〇年の紅梅「紅和魂梅《べにわこんばい》」が神木として植えられているほか、梅苑には早咲きの「寒紅梅」、八重の「雲龍梅」、紅白二色咲きの「思いのまま」など五〇種、約一五〇〇本の紅白の梅が咲き競います。

北野天満宮は上京区御前通今小路上ル馬喰町に鎮座。創建は延喜三年（九〇三）。その経緯は国宝「北野天神縁起絵巻」によると、失意のうちに太宰府で道真が憤死した六年後、平安京では左遷首謀者である藤原一門のあいだで不慮の死にいたる者が続出し、雷火・旱魃《かんばつ》・洪水・疫病などの天変地異もあいつぎ、清涼殿に落雷して廷臣が震死するなどの異変が続いた。これらの怪異は、道真の祟りによるものと噂されるようになり、これを鎮めるために神社が創建されたという。江戸時代に入ると、道真は学問の神様と崇められ、現在では受験シーズンには多くの受験生の参拝がみられる。

門前には室町時代を起源とする京都最古の花街「上七軒《かみしちけん》」があるほか、道真と梅花のつながりを物語るかのように、白梅町《はくばいちょう》・紅梅町《こうばいちょう》の地名がある。

毎月二五日には境内一帯に早朝から夜間まで露天商が立ち並ぶ。この市は親しみを込めて「天神さん」と呼ばれている。とくに、道真の命日である二月二五日は盛大に「梅花祭」が斎行され、境内の梅苑も公開されている。上七軒の芸妓・舞妓による野点《のだて》がある。

＊梅めぐり

京都府立植物園（左京区下鴨半木町）	楊貴妃、玉垣枝垂《しだれ》、玉牡丹、白加賀などの珍しい品種の梅をはじめ、約六〇種一五〇本が一二月から三月まで咲き続ける。
大豊《おおとよ》神社（左京区鹿ヶ谷宮ノ前町）	樹齢二五〇〜三〇〇年といわれる枝垂梅が有名。
梅宮《うめのみや》大社（右京区梅津フケノ川町）	西神苑を中心に呉羽《くれは》枝垂・白牡丹・盤上・思いのまま・金枝梅などの約三五種四五〇本の梅が観賞できる。
勧修寺《かじゅうじ》（山科区勧修寺仁王堂町）	江戸時代に京都御所から移植された「臥竜の老梅」がある。
随心院《ずいしんいん》（山科区小野御霊町）	名勝「小野梅園」。遅咲きの八重紅梅が有名で、「はねず（薄紅色）の梅」と呼ばれている。

2 宗旦《そうたん》が息吹を吹き込んだ落ち椿

椿は『万葉集』にも多く歌われましたが、注目を浴びるようになったのは室町時代に入ってからといわれています。

当時、活躍した連歌師・宗祇《そうぎ》（一四二一～一五〇二年）は妙蓮寺《みょうれんじ》に咲く椿を愛《め》で、「余《よ》の花はみな末寺《まつじ》なり　妙蓮寺」と詠みました。この歌の解釈には妙蓮寺が極めて隆盛していたこと、あるいは、椿の花が見事であったことの二つがありますが、ここに咲き誇る朱紅色《しゅこうしょく》一重の椿は、後世、寺名を冠して「妙蓮寺椿」と呼ばれるようになりました。

さらに、椿の人気が上昇したのは江戸時代で、徳川二代将軍・秀忠（一五七九～一六三二年）が椿を好み、『武家深秘録』慶長一八年（一六一三）の記述には、「将軍秀忠花癖あり名花を諸国に徴し、これを後吹上花壇に栽《う》えて愛玩す。此頃より山茶花《つばき》流行し数多の珍種をだす」と、全国各地から献上させた名花を植えた吹上御殿にある花畑に、椿を植栽して楽しんだとあります。

その後、武家をはじめとして町人にいたるまで愛玩され、寛永七年（一六三〇）には浄土宗の僧侶・安楽庵策伝《あんらくあんさくでん》によって『百椿《ひゃくちん》集』、寛永一一年（一六三四）には歌人・烏丸光広《からすまるみつひろ》によって

『椿花《ちんか》図譜』が著され、六一九種もの椿が紹介されるほど、園芸品種が作り出されました。ちなみに、現在では二二〇〇種を超えるといわれています。椿は花冠から落花することから、武家にはあまり好まれなかったといわれていますが、実はそうではなかったのですね。

さて、もっとも椿の花が珍重されるのは茶席においてで、一一月の炉開きから翌年の晩春まで床の間を飾る茶花として用いられます。まず、茶人の正月ともいわれる炉開きでは「白玉椿」、師走には「初嵐」、新春の初釜には「曙椿」というように使い分けられます。

椿の花を通して、茶人の心遣いを知る貴重なエピソードがあります。ある時、千利休の孫・宗旦《そうたん》（一五七八〜一六五八年）の元に、懇意にしていた安居院《あんごいん》正法寺の住職から「妙蓮寺椿」が届けられました。住職は「十分、気をつけて持って行くように」と小僧さんに注意をあたえて使いに出しました。しかし、宗旦宅に到着するまでに、花は枝からポロリと落ちてしまったのです。自失呆然の小僧さん。仕方なく、宗旦に事の次第を正直に話すと、彼は椿の枝と落ちた一輪

椿

を持って、茶室に入っていきました。しばらくして、茶室に小僧さんを招き入れ、一服の茶を振る舞うのですが、床《とこ》には利休作の竹花入れ「園城寺《おんじょうじ》」に椿の枝、その下には今、落ちたばかりという風情で椿の花がおいてあったのです。まさに椿の花を生き返らせたかのような心遣いに、小僧さんも一安心したのではないでしょうか。椿の花は枝から落ちても美しく、現在でも「落ち椿」と呼んで風雅な姿として捉えられています。

✻椿めぐり

妙蓮寺《みょうれんじ》（上京区寺ノ内通大宮東入ル）	宗祇が詠んだ原木は境内の玉龍院で育てられていたが、一九六二年の火災で焼失し、現在は二代目が寺務所前に植えられている。
龍安寺《りょうあんじ》（北区竜安寺御陵下町）	日本最古といわれ、樹齢四〇〇年を超える「侘助椿《わびすけ》」が、石庭の龍安寺垣の横に植えられている。
地蔵院（北区大将軍川端町）	加藤清正が朝鮮から持ち帰り、豊臣秀吉に献上したと伝わる名品「五色八重散椿」が植えられていることから「椿寺」とも呼ばれる。樹齢四〇〇年の一世は一九八三年春に枯れてしまい、現在は二世が本堂前に咲いている。

等持院《とうじいん》（北区等持院北町）	織田信長の弟・織田有楽斎《うらくさい》が、茶花として好んだことから名付けられた「有楽椿」が観賞できる。樹高十数メートルを誇り、現存する有楽椿の中で最大。椿の花が、苔むした庭に散りばめられるような散り際が美しい。
総見院《そうけんいん》（北区紫野大徳寺町）	豊臣秀吉が千利休から譲り受けたといわれる遺愛の「胡蝶侘助」は樹齢四〇〇年を超え、京都市の天然記念物に指定されている。
慈照寺（銀閣寺）（左京区浄土寺銀閣寺町）	参道の「銀閣寺垣」は別名「椿垣」と呼ばれ、侘助椿の生垣として有名である。

3 秀吉が変えた観桜スタイル

醍醐寺

紫宸殿南庭《ししんでんだんてい》の左近の桜が満開になる頃、王朝人は桜花を愛でる「花宴《はなのえん》」を催し、詩歌管弦の遊びを楽しみました。

桜花を観賞する習慣はその後も受け継がれますが、次第に桜の品種にもこだわりがみられるようになってきました。たとえば、平安時代末期には、西行（一一一八～一一九〇年）が「吉野山　桜が枝に　雲散りて　花おそげなる　年にもあるかな」と詠んだように吉野山の桜が有名になっていたのです。後嵯峨天皇（一二二〇～一二七二年）は嵐山に離宮・亀山殿を造営するにあたって、奈良・吉野山の桜を移植したと伝えられています。

また、醍醐寺の桜も吉野山から移したもので、慶長三年（一五九八）三月一五日に催された世にいう豊臣秀吉の「醍醐の花見」に際して行われました。一年前から前田玄以《げんい》（僧侶であり武将）を花見奉行を命じ、七〇〇本もの桜を移植して、醍醐山の山腹にいたる満山を桜で埋め尽くさせたのでした。当日、枝には秀吉・秀頼・北政所・淀君などが詠んだ和歌の短冊を配し、趣向を凝らした路地茶屋を設けた、豪奢な桜花の宴が繰り広げられました。その日、秀吉は「あらためて　名をかへてみむ　深雪山　うつもる花も　あらはれにけり」（国宝「醍醐花見

醍醐の花見（『拾遣都名所図会』）

短籍《たんざく》」）と詠み、雪が降り積もったように桜一色にまった様子を見て、まさに満悦の境地に浸ったのでした。

この「醍醐の花見」にみる観賞スタイルこそが、現在の花見のルーツではないでしょうか。なぜなら、花宴は『源氏物語』にも描かれているように、たった一本の左近の桜を屋内から観賞しています。また、後嵯峨天皇もおそらく邸内から嵐山の桜を眺めたのではないかと考えられます。しかしながら、桃山時代末期にいたって、桜花は眺望するものから桜の木の真下で間近に観るものへ大転換を遂げ、貴族や権力者だけでなく庶民の楽しみの一つへと裾野を広げることとなったのです。今年の花見は酒宴もそこそこに、咲き誇る桜の美しさを再認識したいものです。

醍醐寺は伏見区醍醐伽藍町にある真言宗醍醐寺派の総本山。本尊は薬師如来。貞観年間（八五九～八七六年）、空海の孫弟子・理源大師聖宝《しょうほう》が醍醐山山上（上醍醐《かみだいご》）に准胝堂《じゅんていどう》と如意輪堂《にょいりんどう》を創建したのが始まりである。その後、醍醐天皇の庇護を受け、醍醐山麓（下醍醐《しもだいご》）の広大な平地に大伽藍を築いたが、多くは応仁の乱で焼失した。天暦五年（九五一）に建立された国宝・五重塔は、数少ない平安時代建築の遺構である。三宝院庭園は桃山式庭園のひとつで、特別史跡に指定されている。

4 わたしゃお多福　御室《おむろ》の桜

仁和寺

平安時代、嵯峨野あたりは貴族の別業《べつごう》（別荘）の地として愛でられていましたが、『源氏物語』若菜・上の巻では光源氏の兄・朱雀帝《すざく》が出家し、隠遁した「西山《にしやま》なる御寺《みてら》」があったと記されています。『源氏物語』の注釈書『花鳥余情《かちょうよじょう》』によりますと、御室にある仁和寺《にんなじ》がモデルとなっているといわれています。

仁和寺は仁和二年（八八六）、光孝天皇の勅願によって創建され、父帝の遺志を継いだ宇多天皇（八六七〜九三一年）が二年後に完成させました。出家後、「御室」という僧坊を造営し、住したことから「御室御所」とも呼ばれ、平安末期まで大いに栄えていました。

しかしながら、京の都を戦乱の渦に巻き込んだ応仁の乱によって、伽藍は焼失し、衰退の一途を辿ったのでした。その後、正保三年（一六四六）、幕府の援助によって再建された際に、宇多天皇が桜を愛玩したという故事に倣い、境内に植えられたのが「御室桜《おむろざくら》」と総称される、有明桜という品種を中心とした里桜なのです。

仁和寺再建間もない頃から、御室桜は人々の目を楽しませたようです。明暦二年（一六五六）から七年間、筑前博多から京都に留学した貝原益軒は、後年、尋ね歩いた名所旧跡をまとめた

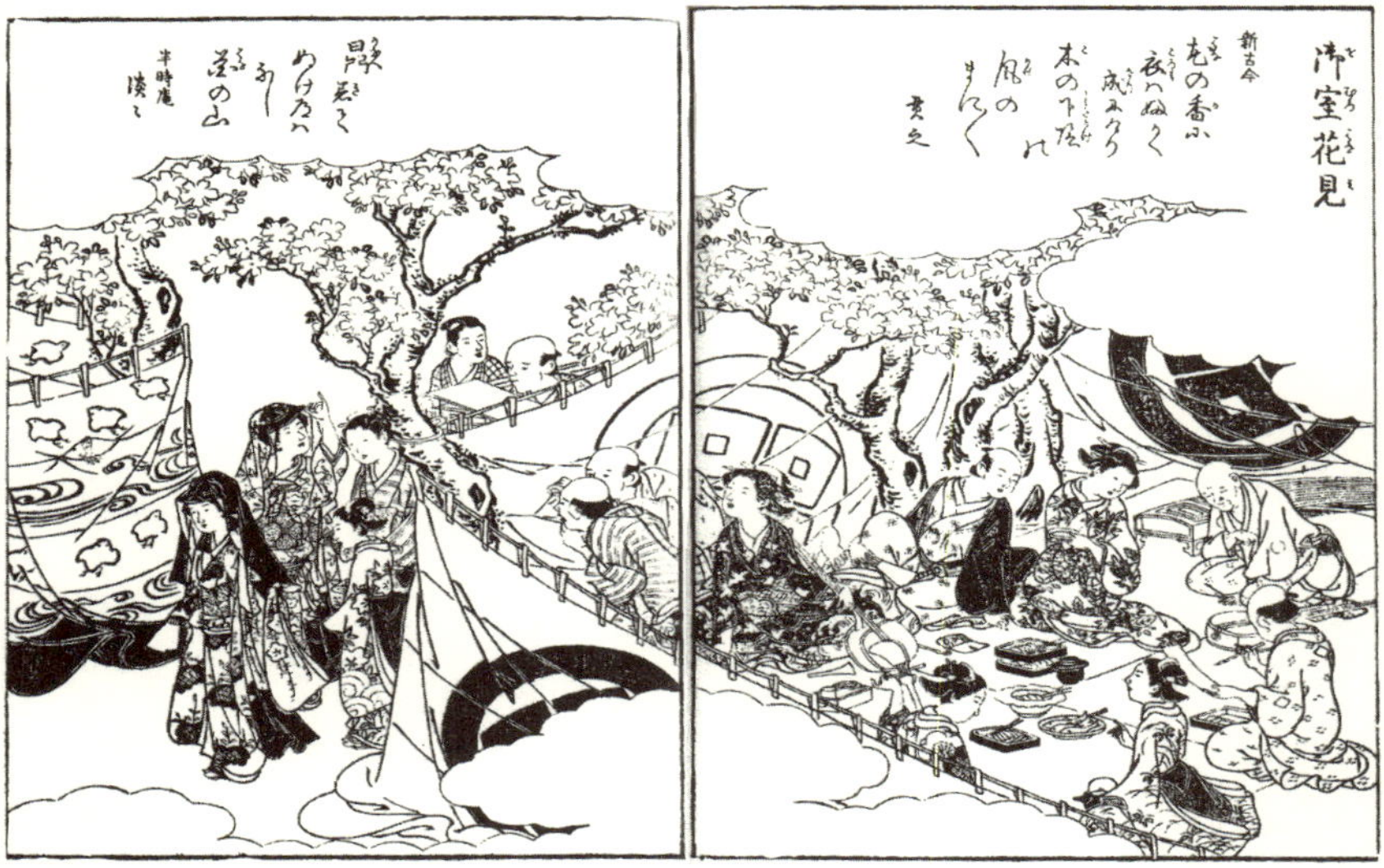

御室の花見（『拾遺都名所図会』）

『京城勝覧《けいじょうしょうらん》』（一七〇六年成立）を著し、この桜を「春は此御境内の奥に八重ざくら多し。洛中洛外にて第一とす。吉野の山桜に対すべし……花見る人多くして日々群衆せり」と絶賛しています。

さて、御室桜の特徴は、遅咲きで、二〜三メートルほどの低木であることで、『都名所図会』にも「夫《それ》当山は佳境にして、むかしより桜多く、山獄近ければつねにあらしはげしく、枝葉もまれて樹高からず、屈曲ためたるが如し。弥生の御影向《みえいく》は猶更、花の盛には都鄙《とひ》の貴賤春の錦を争ひ、幕引はへ、……春色の風客花にめでゝ、日ををしむ」と自然環境がもとで桜樹の丈は低いが、観桜の人々であふれていたと記しています。
この頃、流行った俗謡に「わたしゃお多福　御室の桜　鼻が低《ひ》ても　人が好《す》く」がありました。「お多福」は御室の桜のように鼻（花）が低く、不美人でしたが、気立てが良く人気があると謡っているのです。このような引き合いに出されるほど、人気スポットだったのです。

仁和寺は右京区御室大内にある真言宗仁和寺派の総本山。本尊は阿弥陀如来。古くは「にんわじ」とも称した。平安中期になって、三条天皇の皇子・性信親王が第二世となって以後、歴代、法親王が継承した門跡寺院である。境内には、寛永年間（一六二四〜一六四四年）に紫宸殿を移建改築した金堂（国宝）をはじめ、五重塔・観音堂など一二件の重要無形文化財などがある。なかでも、遼郭亭《りょうかくてい》（一六六一〜一七五〇年）は、仁和寺門前に住した御用絵師・尾形光琳の屋敷から移築された茶室で、二畳半台目の構造は「如庵《じょあん》」を写したものといわれている。

✻桜めぐり

平野神社（北区平野宮本町）	魁桜を筆頭に、平野寝覚・胡蝶・嵐山・虎の尾・平野妹背《いもせ》・御衣黄《ぎょいこう》・松月・手弱女《たおやめ》・平野突羽根《つくばね》など約六〇種四〇〇本あまりの桜木が境内を埋め尽くしている。三月中旬から五月上旬まで楽しめる。
円山《まるやま》公園（東山区円山町）	通称「祇園の夜桜」として親しまれている有名な桜は、正式名は「一重白彼岸枝垂桜」といい、現在は二代目。染井吉野・枝垂桜・山桜・八重枝垂桜など、約六八〇本が植えられている。
平安神宮（左京区岡崎西天王町）	神苑では紅枝垂桜をはじめ、染井吉野・彼岸桜など約二〇種三〇〇本が見られる。また、大極殿《だいごくでん》前には「左近の桜」が「右近の橘」と対になって植えられている。
哲学の道（左京区浄土寺石橋町〜若王子町）	若王子神社前の若王子橋から琵琶湖疏水に沿って銀閣寺西の銀閣寺橋に至る約二キロメートルの散歩道。両岸に約五〇〇本の染井吉野が咲き誇る。

千本閻魔堂（引接寺《いんじょうじ》） （上京区千本通鞍馬口下ル閻魔前町）	花の中心から二本の枝がのびているのが普賢《ふげん》菩薩が乗る象の鼻に似ていることから「普賢象桜」と称される。落花時に花冠ごと落ちるのが特徴の、遅咲きの八重桜。応永一五年（一四〇八）、足利義満も参詣し、この桜のみごとさに感服したという。
毘沙門堂（山科区安朱稲荷山町）	「般若桜」と呼ばれる樹齢一五〇年を超える紅枝垂桜が有名。

5 大田の沢の杜若《かきつばた》

大田神社

尾形光琳（一六五八～一七一六年）の代表作の一つに、金地に群青《ぐんじょう》と緑青《ろくしょう》で群生する杜若を描いた「燕子花《かきつばた》図屏風」（国宝）があります。後水尾天皇の中宮・東福門院和子《まさこ》の御用を手がけた京の呉服商雁金屋の次男として生まれた光琳は、三〇歳半ばに江戸・深川に下向しますが、この屏風を製作したのはそれ以前と考えられていますので、製作にあたって上賀茂神社の東に位置する大田の沢を訪れたのではないでしょうか。

この沢は大田山山麓にある大田神社の参道脇に広がり、約二〇〇〇平方メートルにおよぶ湿原で、一万年以上前、京都盆地が湖であったことの名残りであるといわれています。平安時代からの杜若の名所として知られ、二万五〇〇〇株もの杜若が自生し、昭和一四年（一九三九）には「大田の沢のカキツバタ群落」として国の天然記念物にも指定されました。

「いずれ菖蒲《あやめ》か、杜若」という諺《ことわざ》があるほど、杜若と菖蒲（ショウブの古称）を見分けるのは容易ではありませんが、菖蒲はやや乾燥した草原に、杜若は湿地に生息し、菖蒲より青みを帯びた紫色の花を咲かせるのが特徴です。

さて、五月上旬から中旬にかけて沢一面を青紫色に染める杜若の美しさは、藤原定家の父で

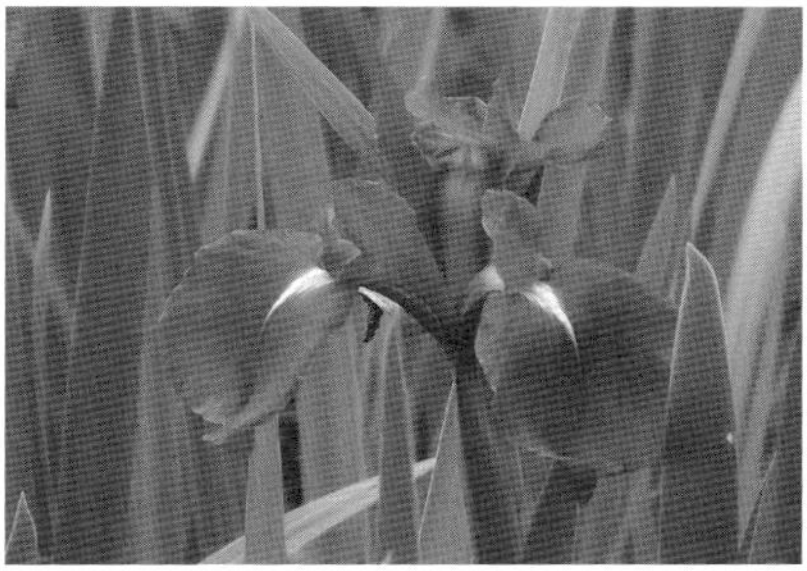

杜若

『千載和歌集』（一一八七年成立）の選者も勤めた歌人・藤原俊成（一一一四〜一二〇四年）も「神山《こうやま》の　大田の沢の　かきつばた　ふかきたのみは　色にみゆらん（賀茂《かも》別雷命《わけいかづちのみこと》の降臨地である神山の近くにある大田の沢の杜若に深くお願いする恋は、その花の色のように一途で、可憐なのだろう）」と詠んでいるほど心を引きつけるものでした。

上賀茂地域に住まう人々にとって、大田の沢の杜若は特別な存在で、この花が咲く頃には「沢の水には触れてはならない」との伝承があったといいます。もしも、触れてしまったなら「手が腐ってしまう」というのですが、美しい花を咲かせる杜若が心ない人に持ち去られないように、また、環境保全の戒めであったかもしれません。

大田神社は北区上賀茂本山町にある上賀茂神社の境外摂社。創建は不詳であるが、地主《じしゅ》神社として、この地域、最古の社と伝えられる。天鈿女命《あめのうずめのみこと》を祭神とする延喜式内社。毎月一六日に奉納される里神楽は「チャンポン神楽」とも呼ばれ、京都市無形民俗文化財に指定されている。

6 秋風に揺れる萩の花

梨木神社・常林寺

秋の訪れが感じられる九月になると、平安時代の宮廷では「月見の宴」が催されました。この習慣は平安時代に中国・唐から伝わって年中行事となり、詩歌管弦の遊びを楽しみながら月を池などの水辺に映して鑑賞したそうです。月の霊力を恐れたのか、夜空の月を直視することはありませんでした。たとえば、村上天皇（九二六〜九六七年）は萩の箸《はし》で里芋に穴を開けて、その穴から月を覗いたという面白い話が残っています。

さて、江戸時代になると月見は一般庶民にも広まり、団子や里芋を供え、薄《すすき》や萩の花を飾る風習が生まれました。団子や里芋は月、薄は稲穂に見立てたもので、萩は箸を意味するといわれています。

萩は秋の七草（桔梗《ききょう》・葛《くず》・藤袴《ふじばかま》・女郎花《おみなえし》・薄《すすき》・撫子《なでしこ》）のひとつで、万葉歌人は好んで和歌に詠みました。七草は山上憶良が詠んだ「秋の野に　咲きたる花を　指《おゆび》折り　かき数ふれば　七種《ななくさ》の花」、「萩の花　尾花葛花《おばなくずはな》　瞿麦《なでしこ》の花　女郎花《おみなえし》　また藤袴《ふじばかま》　朝貌《あさがお》の花」の二首に由来しているといわれています。ちなみに春の七草は「七草粥」などにして食用とされていますが、秋の七草は薬用効果があり、萩の根は「夜関門《やかんもん》」といって咳止めや胃痛などに効用があるそうです。

横山清暉筆（京都・永山堂）

高台寺の萩の花（『拾遺都名所図会』）

萩が秋風に揺れる姿は涼やかで、京都には「萩の宮」と呼ばれる梨木《なしのき》神社と、「萩の寺」と称される常林寺でその風情を楽しむことができます。

『源氏物語絵巻』御法《みのり》の巻には、萩が人生の秋を感じさせる、何とも寂しげな様子で描写されています。大病を患い、死期を悟った紫の上を光源氏と明石の中宮が見舞う場面ですが、三人の人物よりも秋風に吹き乱れた萩・薄・女郎花が大きく描かれているのです。紫の上は死の直前「おくと見る　ほどぞはかなき　ともすれば　風に乱るる　萩の上露（元気にみえるのも少しの間です。私の命は萩の上についた露のように儚《はかな》いものです）」と自分の余命を萩の露に譬えて詠みました。

萩の花は華やかさもなく、香りもなく、

儚げな花ですが、風情があり、満開の萩は見応えがあります。

✻萩めぐり

高台寺《こうだいじ》（東山区下河原通八坂鳥居前下ル）	臨済宗建仁寺派の寺院。本尊は釈迦如来。慶長一一年（一六〇六）、豊臣秀吉の妻・北政所によって秀吉の菩提を弔うために建立された。江戸時代には『拾遺都名所図会』に記されるほど、萩を観賞する人々で賑わった。
迎称寺《こうしょうじ》（左京区浄土寺真如町）	時宗寺院。本尊は阿弥陀如来。土塀沿いに植えられた萩が見事で、土塀とのコントラストが素晴らしい。
常林寺《じょうりんじ》（左京区田中下柳町）	浄土宗寺院で、本尊は阿弥陀如来。天正元年（一五七三）、念仏専修僧・魯道《ろどう》によって創建され、幕末には勝海舟が宿坊としていたと伝えられる。境内にある大人の背丈を超える立派な萩は圧巻である。
梨木《なしのき》神社（上京区寺町通広小路上ル染殿町）	祭神は三条実万《さねつむ》・実美《さねとみ》の父子。明治一八年（一八八五）に三条家の邸跡に創建された。境内には約五〇〇株ほどの萩が植えられ、九月末から一〇月上旬までが見頃。

7 歌に詠まれた小倉山の紅葉

渡月橋《とげつきょう》が架かる大堰川《おおい》（桂川）の北岸には、標高三〇〇メートル足らずの小倉山がそびえています。古来、この地は紅葉の名所として知られ、歌枕ともなりました。

小倉山には藤原定家の山荘・時雨亭《しぐれてい》があり、ここで『小倉百人一首』を撰じました。もちろん、小倉山を詠んだ「小倉山　峰のもみぢ葉　心あらば　今ひとたびの　みゆき待たなむ（小倉山の紅葉よ。お前に人の心があるのなら、もう一度、天皇が行幸されるまで、散らずにいてくれないだろうか）」も選出しています。詠み人は藤原忠平（貞信公《ていしんこう》。八八〇～九四九年）で、藤原公任《きんとう》（九六六～一〇四一年）、『小右記』を著した藤原実資《さねすけ》、三蹟の一人・藤原佐理《すけまさ》などの王朝文化の一翼を担った孫たちがいました。公任は歌人としても知られ、大覚寺にあったという名古曽《なこそ》の滝を詠んだ「滝の音は　絶えて久しく　なりぬれど　名こそ流れて　なほ聞こえけれ（滝の流れる水音は、枯れてしまって聞こえなくなってしまった。けれども、名声だけは今も人々のあいだで語り継がれている）」は忠平とともに『小倉百人一首』に収められています。

彼は和歌に秀でていたほか、漢詩にも管弦にも造詣深い人物でした。若い頃から、彼の多彩な才能は誰もが羨《うらや》むところで、藤原道長の父・兼家を「我が子供たちは公任の足元にも及ばな

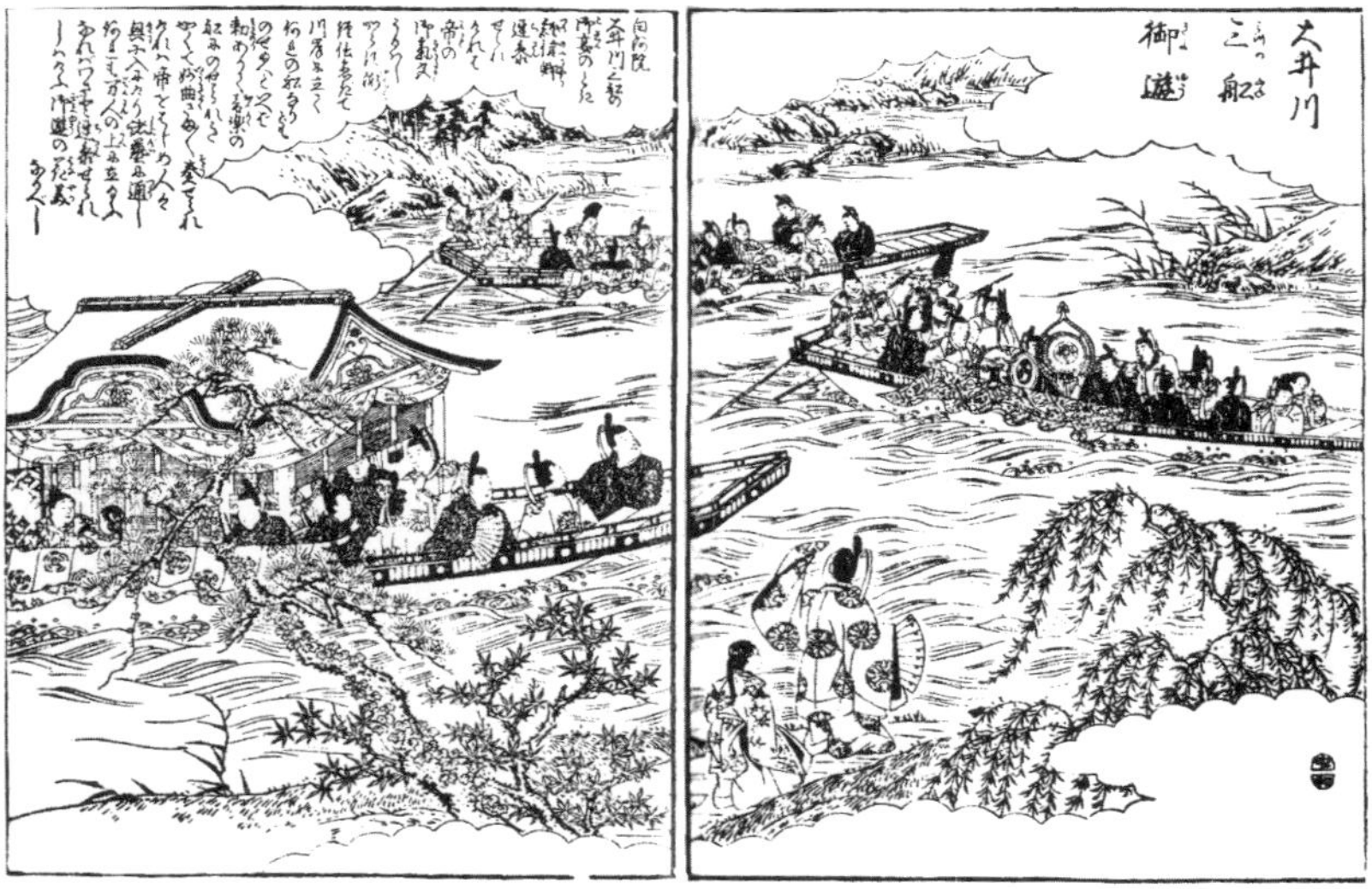

大堰川の船遊び（『都林泉名勝図会』）

い」と嘆かせたほどでした。この溢れんばかりの才能は、『大鏡』に「三船《さんせん》の才」あるいは「三舟《さんしゅう》の才」として記されています。

　紅葉の季節、道長は漢詩・管弦・和歌の三隻の船を大堰川に浮かべて、船遊びを主催しました。一々の船に、その道の名人が乗り込んでいたところへ公任が参上したので、道長は三船のうち、どの船に乗りたいのかと希望を尋ねました。彼はすかさず和歌の船を選び、船上で小倉山の紅葉を愛《め》でながら「小倉山　嵐の風の寒ければ　もみぢの錦　きぬ人ぞなき（小倉山や嵐山から吹いてくる風が寒く、紅葉が風に散って人々にかかり、まるで錦の着物を着ているようだ）」と詠みました。絶賛された秀歌だったのですが、彼は満足せず、漢詩の船を選び、和歌と同程度の秀歌を詠んでいたなら、さらに名声が上がったのではないかと悔しがったというのです。というのも、平安時代の男性貴族のあいだでは、和歌よりも漢詩のほうが高く評価されるものだったからです。

のちに、公任は道長から乗船する船を選ぶ権利を与えられたとき、すべての才能が認められたと過信し、傲慢になっていたと述懐しています。楽しいはずの船遊びも、その裏では大バトルが繰り広げられていたのでした。

8 行く秋を惜しむ紅葉狩

神護寺

紅葉を観賞することを「紅葉《もみじ》狩《がり》」といいますが、平安末期の歌人・源俊頼（一〇五五〜一一二九年）が詠んだ「時雨《しぐ》れゆく　かたのの里の　もみちかり　頼むかげなく　吹く嵐哉《かな》（時雨が過ぎ去り、かたのの里で紅葉狩をしようとしたが、頼みにしていた光が射さず、嵐が吹いてしまった）」に初めて登場します。河内国交野《かたの》（現・大阪府交野市）にまで足を延ばして、紅葉狩を楽しんだのでした。

当時、桜花は自邸で愛《め》でられましたが、紅葉は「狩り（何かを求めて山野に入る）」という言葉が示すように、名所に足を運んで色づく紅葉《こうよう》の山々の様子を眺望していたようです。

さて、桃山時代になると、紅葉狩をはじめ名所見物の習慣は庶民にまで広がりました。イエズス会宣教師として来日したジョアン・ロドリゲス（一五六一〜一六三三年）が記した『日本教会史』によると、「都の大衆、住民はたいへん温和な性格で、甚だ礼儀正しく、極めて接待好きである。……たとえば、野原へ行って酒宴を開き、花や庭園を見て楽しみ……彼らは信仰心があり、寺院をよく巡拝し、また平常から男女は頻繁に祈願をこめ、説教を聞きに寺院に出かけるので、その有様は聖年を思わせるものがある」とあり、洛中洛外の名所に出かけ、自然を

高雄観楓図（東京国立博物館所蔵）

愛で、酒宴を開き、遊楽の主流は寺社を巡拝することであったと述べられています。

　このような世相を描いたものとして、栂尾《とがのお》・槇尾《まきのお》とともに三尾《さんび》とも称された高雄（高尾とも書く）の紅葉を楽しむ様子を描いた『高雄観楓図《かんぷう》』があります。この屏風の背後には紅葉の神護寺《じんごじ》と愛宕社《あたごしゃ》への参詣道が描かれていますから、きっと神護寺へ参拝したのでしょう。前面には男女別々に紅葉の真下に陣取り、重箱、食籠《じきろう》に入った食べ物、指樽《さしだる》（箱形の酒樽）に入った酒も持参し、宴たけなわの様子です。

桃山時代以降、花見も紅葉狩も大宴会を伴うようになりましたが、現在、その慣習を踏襲しているのは花見だけのようです。蕾《つぼみ》から開花、花吹雪となるまでの華やかさがある桜花とは異なり、紅葉は葉が色づくと落葉の風情となってゆきます。

現代人の感性には、散り行く紅葉を観賞しながらの大宴会はそぐわなかったのではないでしょうか。むしろ、都会の喧噪を離れ、行く秋を惜しみながら紅葉狩を楽しむことを求めたのでしょう。

神護寺は右京区梅ヶ畑高雄町にある高野山真言宗の別格本山。延暦年間（七八二～八〇六年）、和気清麻呂《わけのきよまろ》（奈良時代末期から平安時代初期の官人。七三三～七九九年）が河内国に創建した「神願寺」を、子息和気真綱が奏請して天長元年（八二四）に高雄山に移し、既存の高雄寺と合併して神護国祚真言寺と改称して勅願寺となった。応仁の乱ののち、荒廃したが、江戸時代初期に現存する大部分の堂舎が再建された。寺宝は頗る多く、金堂の薬師如来像、五大堂の五大虚空蔵像は平安前期の彫刻様式の典型といわれている。さらに、藤原隆信筆の「平重盛画像」「源頼朝画像」「藤原光能画像」は、鎌倉時代初期の大和絵系肖像画の白眉とされる。

＊紅葉めぐり

北野天満宮（上京区馬喰町）	もみじ苑には秀吉が作った土塁「お土居」の遺跡の一部が残り、その一帯に約三〇〇本の紅葉が一斉に色づく。
真如堂（左京区浄土寺真如町）	三重塔に紅葉が映えて美しく、庭の苔の上に落ちたさまも見事である。
南禅寺（左京区南禅寺福地町）	三門を登ると、天下の大泥棒・石川五右衛門を「絶景かな」とうならせた約二〇〇〇本の紅葉が眼下に広がる。小堀遠州作と伝えられる「方丈庭園」の紅葉も美しい。
永観堂（左京区永観堂町）	山紅葉・イロハ紅葉など三〇〇〇本が色づき、放生池の水面に映る様子が美しい。『古今集』にも詠まれた「岩垣もみじ」が岩肌一面に群生し、独特の趣をみせる。
実相院（左京区岩倉上蔵町）	方丈の磨き上げられた黒い床に映る「床もみじ」が見所。
三千院（左京区大原来迎院町）	楓・イロハ紅葉など約五〇〇本。京都の中心部より、一～二週間早く色づき始める。杉木立とのコントラストが美しい。
清水寺（東山区清水一丁目）	一〇〇〇本の山紅葉や楓が清水の舞台の眼下に広がる。

東福寺（東山区本町）

通天橋《つうてんきょう》から広がる渓谷に、イロハ紅葉・唐楓《とうかえで》など約二〇〇〇本の紅葉の海が見られる。

其の二

平安の才女・紫式部がみた都の風景

9 紫式部が暮らした中川あたりの邸宅

廬山寺

平安京の東端には、東京極大路《ひがしきょうごくおおじ》（現・寺町通り）と呼ばれる幅員約三〇メートルもある立派な大路が南北を貫き、大路に沿って東京極川が流れていましたが、とくに一条大路から二条大路までのあいだは中川と称しました。この中川のほとりには染殿《そめどの》（藤原良房邸）や、土御門殿《つちみかどどの》（藤原道長邸）など公卿《くぎょう》の大邸宅が立ち並んでいたそうです。

さて、紫式部が育ったのも中川のほとりにあった曽祖父・藤原兼輔が営んだ邸宅・堤中納言邸（「堤第《つつみてい》」ともいう）といわれています。東京極大路を隔てて西側には染殿や土御門殿がありましたが、堤中納言邸は東側にあり、京外、つまり平安京の外に位置していました。彼女は夫・藤原宣孝と死別後、娘・賢子《かたいこ》（のちの後冷泉天皇の乳母《めのと》・大弐三位《だいにのさんみ》のこと）をここで養育するなど、生涯の大部分を暮らしたといわれています。

紫式部が幼少の頃、この邸宅では文章生《もんじょうせい》（古代の文学研究者）出身の漢学者である父・為時《ためとき》が、子息・惟規《のぶのり》（兄とも弟ともいわれる）に漢籍を熱心に教授していました。惟規に司馬遷の『史記』を徹底的に暗誦させようとしますが、「あのう……。そのお……」と口ごもるばかりで、なかなか覚えられません。それにひきかえ、かたわらで聞いていた紫式部はスラスラと諳《そら》んじたと、

『紫式部日記』は記しています。何ということでしょう。為時は思わず「口惜しいことだ。男子でも暗誦できないのに、女子の身でありながら式部は易々《やすやす》と覚えてしまう。男子だったら良かったのに……」とつぶやき、大層、落胆したそうです。このようにして、紫式部の漢籍の素養は培われたわけです。

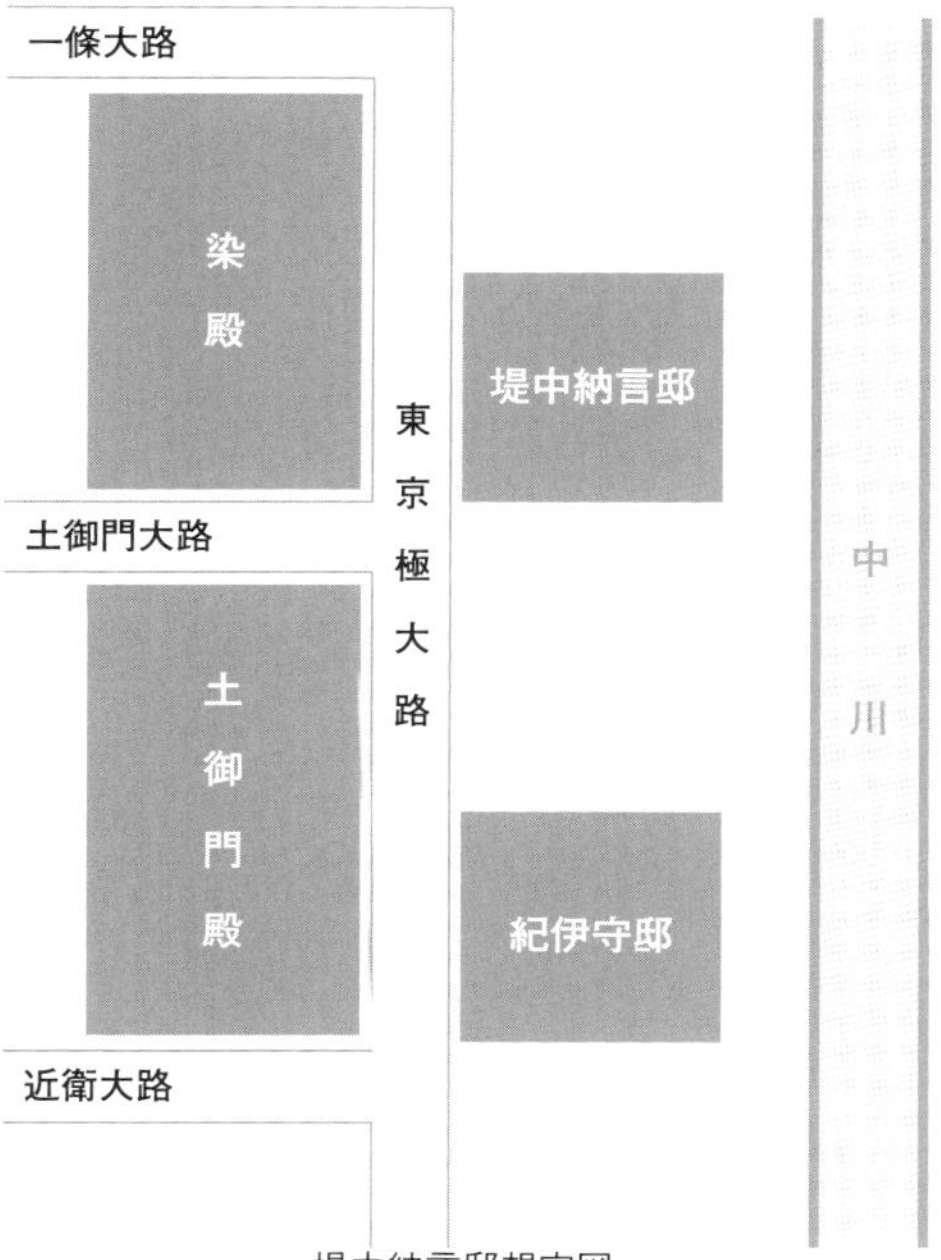

堤中納言邸想定図

紫式部は、この邸宅をとても気に入っていたようです。というのも、『源氏物語』帚《はは》木《きぎ》巻、「雨夜《あまよ》の品《しな》定め」の場面で、光源氏が空蝉《うつせみ》と巡り会った紀伊守《きいのかみ》邸は土御門殿の東に位置したと設定しているのです。つまり、彼女が子供の頃から暮らした堤中納言邸付近ということになります。とりわけ、庭園の造形について「中川の清流を引き入れて、涼しげな陰があった」と記している点は、堤中納言邸もそのようであったのではないかと想像されます。盆地特有の蒸し暑い夏を快適に過ごせる中川のほとりに居を構えることは、平安貴族にとって一種のステータスであったともいえるでしょう。

なお、昭和四〇年（一九六五）一一月、考古・歴史学者角田文衛氏によって、廬山寺《ろざんじ》が紫式部旧邸（堤中納言邸）と認定されました。

廬山寺は上京区寺町通広小路上ル北之辺町にある天台系圓浄宗《えんじょうしゅう》大本山。比叡山延暦寺中興の祖である良源（元三大師とも慈恵大師ともいう）により天慶元年（九三八年）に船岡山に築かれた與願金剛院《よがんこんごういん》が前身で、中国の廬山にならい廬山天台講寺《ろざんてんだいこうじ》と号した。本尊は阿弥陀如来。元亀三年（一五七二）、豊臣秀吉の寺町建設によって天正元年（一五七三）に現在地（京都御所東）に移った。『小倉百人一首』には、兼輔・紫式部・大弐三位の詠んだ三首が収められ、境内には、紫式部と大弐三位の歌碑がある。

兼輔「みかの原　わきて流るる　泉川《いずみがわ》　いつ見きとてか　恋しかるらむ」

紫式部「めぐり逢ひて　見しやそれとも　わかぬ間に　雲かくれにし　夜半《よわ》の月かな」

大弐三位「有馬山　猪名《いな》の笹原　風吹けば　いでそよ人を　忘れやはする」

10 光源氏のモデルを写した阿弥陀如来

清凉寺

『源氏物語』の主人公・光源氏は、生まれたときから玉のように美しい男の子《おのこ》で、美貌の貴公子として成長してゆきました。彼の匂い立つような美しさに勝る者はなく、紅葉賀《もみじのが》の巻では親友・頭中将《とうのちゅうじょう》と比較して述べています。

父・桐壷帝が主催した先帝の長寿を祝う参賀《さんが》があり、光源氏は頭中将と「青海波《せいがいは》」を舞うことになっていました。前日に試楽《しがく》（リハーサル）があり、「相手は頭中将で、顔立ちも心配りも他の人よりも、はるかに優れているのに、光源氏と並ぶと見劣りがする。あたかも、咲き誇っている桜の側にある深山木《みやまぎ》のようである」と記されているように、頭中将も霞んでみえたのでした。

さて、光源氏はもちろん架空の人物ですが、幾人か実在のモデルがいたといわれています。その一人として有力視されているのが、嵯峨天皇の皇子で、長じて臣籍に下って源氏の姓を受け、左大臣となった源融《みなもとのとおる》（八二二～八九五年）です。紫式部にとっても源融の生い立ちや生涯は、よほど魅力的だったのでしょう。光源氏の人物設定は源融にそっくりで、物語の中で父帝は高麗《こま》の相人《そうにん》（人相を観る人）の鑑定に従って、源氏姓を与えて臣籍に降下させますが、後には

青海波

太政《だいじょう》大臣まで昇り詰めたとしています。

　それでは、融も光源氏のようにイケメンだったのでしょうか。その手がかりは、嵯峨の清涼寺にあります。清涼寺の前身は、融が所有していた別業《べつごう》（別荘）の一つ、棲霞観《せいかかん》で、彼の死後、寛平八年（八九六）に寺院に改められ、棲霞寺となりました。かつて棲霞寺にあった阿弥陀如来坐像は、現在、霊宝館に安置されていますが、慈愛に満ちたお顔は融に似せて刻ませたといわれていますから、相当、美形だったと考えられます。

　しかし、平安朝の美形の基準は、今日とは少々、異なっています。光源氏の顔立ちを『源氏物語絵巻』柏木・二の巻からみてみましょう。ふっくらとした下脹《しもぶく》れの顔に「引目《ひきめ》鉤鼻《かぎはな》」と呼ばれる細い切れ長の目、「く」の字形の鼻が描かれています。細面《ほそおもて》のスッキリしたイケメンかと思いきや、存外、まるぽちゃですが、和歌・書・雅楽などの教養を兼ねてこそ美男とされていました。外見の美貌だけではないところが、奥深いですね。

清涼寺は右京区嵯峨釈迦堂藤の木町にある浄土宗寺院。一般に嵯峨釈迦堂として知られている。永延元年（九八七）には中国・五台山を巡拝した奝然《ちょうねん》が請来した釈迦如来立像（インド・中国・日本と伝来したことから「三国伝来の釈迦如来」ともいう）を安置した。この釈迦如来立像の胎内からは、絹製の内蔵模型「五臓六腑」のほか、奝然生誕書付（臍の緒書）や手形を摺った文書などの「納入品」が発見された。これらは立像とともに国宝に指定されている。室町時代には、融通念仏の大道場として繁栄し、念仏法会が営まれた。念仏法会は、今日、「嵯峨大念仏」として毎年四月、境内の狂言堂で行われている。源融・嵯峨天皇・檀林《だんりん》皇后の墓所でもある。

『源氏物語』のなかで清涼寺は松風の巻に「光源氏が造営した御堂《みどう》は、大覚寺の南あたりにあり、滝殿の趣なども、見劣りがしないほど素晴らしい」と嵯峨の御堂として登場し、宿木《やどりぎ》の巻で、子息・薫の言葉として光源氏は出家し、晩年、ここで過ごしたとされている。

11 河原院《かわらのいん》を模した六条院

渉成園

光源氏は二九歳で左大臣、右大臣に次ぐ内大臣、三三歳で太政《だいじょう》大臣にに昇進しました。その直後、三四歳の秋からは六条御息所《みやすどころ》の故地を取り入れた六条院の造営に着手します。四町《よまち》（東京ドームの一・五倍）四方の規模を誇った大豪邸には、春の町には紫の上、秋の町で秋好《あきこのむ》中宮、夏の町で花散里、冬の町には明石の君が住い、それぞれ四季に因んだ庭が設計されていたと乙女の巻に記されています。

このような大邸宅は、物語の世界だけではなく実在していました。源融が東京極大路と六条大路が交差する所に営んだ別業《べつごう》「河原院《かわらのいん》」が同規模であったといわれ、主《あるじ》の融は河原左大臣とも呼ばれました。

この院については、『伊勢物語』にも「賀茂川のほとりの六条大路にある源融邸は、大変、趣《おもむき》深く造られていた」と語られています。とくに、庭には陸奥国の塩竈《しおがま》の浦の塩焼き風景が再現され、難波江から毎月三〇石《こく》（約五四〇〇リットル）の海水を運ばせて、塩焼きを楽しむという徹底ぶりでした。このような凝った趣向は、四二歳の時から五年間、陸奥出羽按察使《むつでわのあぜち》の任にあり、陸奥国への思いが深かったことが一因しているようです。というのも、任地への赴任

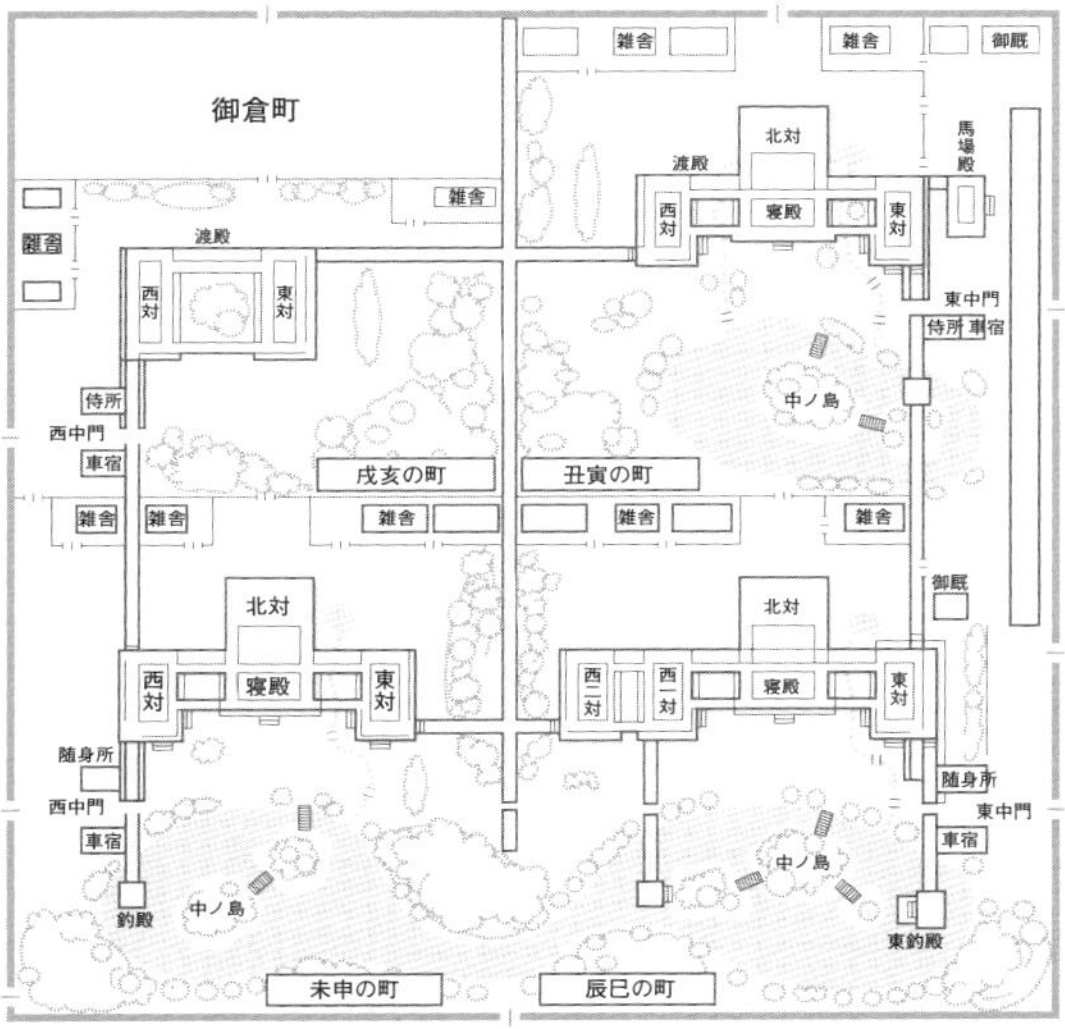

六条院想定図

は免除されていたため、彼《か》の国の風景は人づてに聞いたものでした。それを元に河原院の庭に塩焼き風景を再現し、悦に入っていたのでしょう。

この野趣あふれる趣向は評判を呼び、紀貫之は融没後に河原院を訪れ「君まさで　煙絶えにし　塩竈の　うらさびしくも　見えわたるかな」と、塩を焼く煙も途絶え、うら寂しい佇まいであったことを詠んでいます。

さて、融の死後、河原院は子息・昇によって宇多天皇に献上されました。『今昔物語集』には、融と天皇にまつわる逸話が残されています。天皇がこの院に滞在していたところ、夜になると束帯姿の老人が現れ、天皇が何者かと尋ねると「ここは私の住まいです」

と答えたといいます。天皇が「子息から献上されたもので、奪い取ったのではない」と一喝したところ、消え失せてしまったというのです。融は亡霊となっても、丹誠込めた河原院から離れたくなかったのでしょう。

今日、東本願寺の飛地境内地である渉成園《しょうせいえん》が河原院の旧跡ではないかといわれていますが、現在の渉成園庭園は一七世紀半ばに石川丈山《じょうざん》（江戸初期の儒者、漢詩人）の作庭によると伝えられています。印月池《いんげつち》のほとりには、石造宝塔の塔身を製塩に用いた釜に似せて加工した「塩竈の手水鉢（鎌倉時代作）」が置かれ、さらに、石組みの横穴の底に井筒を設けた形が塩屋（塩竈の覆屋）の様子を想起させる「塩竈の址」があり、河原院を偲ばせてくれます。

渉成園は下京区正面通間之町東にあり、三・四ヘクタールある敷地はほぼ正方形に近く、一辺が一〇〇間（約一八〇メートル）あったことから「百間屋敷」ともいわれる。六分の一は印月池と称する池で占められ、古くは高瀬川の水を引き込んでいた。周囲に枳殻《からたち》の木が植えられていたことから「枳殻邸《きこくてい》」とも称される。命名については、頼山陽の『渉成園記』（一八二七年成立）に、石川丈山の構想によって作られた書院式の回遊式庭園は中国・陶淵明《とうえんめい》作の『帰去来』の一節「園日渉而成趣」によったと記されている。

12 『長恨歌《ちょうごんか》』を思い連理の賢木《さかき》をみる　下鴨神社

賀茂川と高野川が合流するあたりには、平安時代以来の原生林が残っています。それは、欅《けやき》や楡《にれ》などを中心に約四〇種、四七〇〇本の樹木が生育する下鴨神社の社叢林「糺《ただす》の森」で、一二万四千平方メートルもの広さをもっています。

この森を抜けて、本殿にさしかかる辺りに縁結びの神といわれる産霊神《うぶすなかみ》を祭神とする末社《まっしゃ》・相生社《あいおい》が鎮座しています。

さて、相生とは「一つの根から二本の幹が相接して生えでること」の意で、謡曲『高砂』も古くは『相生』と称し、相生の松によせて「夫婦和合」の教えを説いたものでした。「高砂やこの浦舟に　帆を上げて　月もろともに　出汐《いでしお》の……四海波静かにて国も治まる　時つ風　枝を鳴らさぬ　御代なれや　あひに相生の松こそ　めでたかれ」と象徴的に謡われています。

下鴨神社の相生社の特徴は、朱塗りの社の横に「連理の賢木《さかき》」が植えられていることです。二本が幹の中程で繋がっている不思議な形をした賢木で、「連理の賢木」と名付けられたのは、広く平安貴族に愛された唐の大詩人・白居易《はっきょい》（白楽天《はくらくてん》ともいう）の影響ではないでしょうか。紫式部は一条天皇中宮・彰子に白居易の漢詩を教授するほどの知識を有していたと伝えられてい

連理の賢木

ます。

たとえば、『源氏物語』の初巻・桐壺の巻、桐壺帝が寵愛する光源氏の母・桐壺更衣《きりつぼのこうい》に死別する場面で、玄宗《げんそう》皇帝と楊貴妃の悲恋を描いた『長恨歌』を上手く活用しています。桐壺帝が「朝夕、口癖のように比翼の鳥となり、連理の枝となろうと永遠の愛を約束していたのに、叶わず先立たれてしまい、恨めしい」と嘆き悲しんでいる記述は、『長恨歌』の「在天願作比翼鳥、在地願爲連理枝。天長地久有時盡、此恨綿綿無盡期」を和文にしたものです。ともに強い絆で結ばれた二人が、一本の幹になる「連理枝」とは、何ともロマンティックですね。

相生社は縁結びのパワースポットとして人気がありますが、『長恨歌』と『源氏物語』の一節を思い描きながら参拝したいものです。

下鴨神社は左京区下鴨泉川町にあり、上賀茂神社とともに山城一の宮で、正式には賀茂御祖《みおや》神社というが、一般には下鴨神社、単に下社《しもしゃ》ということもある。祭神は賀《か》茂《も》建角身命《たけつぬみのみこと》と玉依《たまより》比《ひ》売《め》命《みこと》。五月一五日（古くは四月中酉日《なかとりのひ》）の賀《か》茂《も》祭《さい》（葵祭）は上社・下社の例祭で、一二日には賀茂祭の神霊を本社に迎える「御《み》蔭《かげ》祭《まつり》」が斎行される。七月土用の丑の日に行われる御手洗祭（足つけ神事）を語源とする「みたらし団子」は御手洗池の水泡を模して製されたといわれている。

13 平安朝の玉の輿エピソード

勧修寺

平安時代の結婚は一夫多妻制で、藤原道長の父・兼家（九二九〜九九〇年）には正妻・時姫（藤原仲正の娘。道隆・道兼・道長などの母）のほか、『蜻蛉日記』の作者・道綱の母、町の小路の女、源兼忠の娘、近江、保子内親王、大輔など十指にあまる夫人がいたと伝えられています。

光源氏も例外ではなく、正妻・葵の上をはじめとして、紫の上、末摘花《すえつむはな》、花散里《はなちるさと》、明石の君などがいました。なかでも、光源氏が隠棲した播磨国（現・兵庫県）明石で巡り会った明石の君は、彼の夫人のなかでは身分が低い受領の娘で、いわば身分違いの結婚でした。明石の君が出産した姫君（のちの明石の中宮）は養女として光源氏に引き取られ、東宮妃《とうぐうひ》（皇太子妃）として入内《じゅだい》し、四男一女をもうけ、子供の一人は東宮となったとされています。

さて、光源氏と明石の君との出会い、その後の展開と、そっくりな話が『今昔物語集』に収められています。それは、藤原北家嫡流の藤原冬嗣《ふゆつぐ》の孫・高藤《たかふじ》（八三八〜九〇〇年）と宮道列子《みやじのれっし》（山城国宇治郡大領・宮道弥益《いやます》の娘。〜九〇七年）のロマンスです。

高藤が一五か一六歳の時に、京外の山科郷に鷹狩りに出かけていたところ、急な雷鳴と風雨に見舞われ、近くにあった宮道弥益邸に一夜の宿を請いました。ここで、一三〜一四歳くらいの愛らしい美少女・列子と出会い、将来を約束して一夜の契りをかわしたのでした。翌日、都に戻った高藤は父・良門から遠出を厳禁され、その後、長らく音信不通となってしまいました。ようやく六年後、弥益邸を訪れ、列子と再会するのですが、彼女のそばには、あの嵐の夜に授かった高藤との娘・胤子《いんし》（～八九六年）がいたのです。彼は母子を都に迎え、長じて胤子は入内《じゅだい》して宇多天皇の女御《にょうご》となり、のちの醍醐天皇をふくめ四男一女に恵まれたのでした。

仲睦じい親子三人

都の貴公子が都と離れた地で鄙にも稀なる女性と巡り会い、その女性との間に生まれた女の子が女御や中宮となって男子を出生し、長じて天皇となるというストーリーが実際にあったのですね。まさに、玉の輿とはこのことをいうのでしょうか。それにしても、一夫多妻の時代とはいえ、数年も連絡がないまま待ち続けた平安の女性《にょしょう》の忍耐力には、ほとほと感心させられます。

昌泰三年（九〇〇）、高藤と列子が出会った宮道弥益邸は、醍醐天皇によって母・胤子追善のために仏寺に改められました。それが、今日の勧修寺《かじゅうじ》です。

勧修寺は山科区勧修寺《かんしゅうじ》仁王堂町にある真言宗山階《やましな》派の大本山。本尊は千手観音。朝廷や藤原氏の信仰も篤く、中世以後、代々法親王が住持し、勧修寺宮門跡とも称された。

境内西側にある氷室《ひむろ》池の氷は、平安時代には宮廷の元旦行事の一つ「氷様奏《ひのためしのそう》」（氷の厚さを前年と比較して奏聞する儀式。厚ければ豊作）に用いられた。現在、池中には蓮、池辺には半夏生《はんげしょう》などが美しく咲き乱れる。

14 伊勢下向する斎宮《さいぐう》の潔斎所

野宮神社

古代から南北朝時代まで皇祖神を祀る伊勢神宮には、斎宮と呼ばれる未婚の内親王または女王が奉仕していました。天皇の崩御あるいは譲位などによって前斎宮が伊勢から退出すると、亀卜《きぼく》（亀の甲を焼いて出来た裂け目で吉凶を占う）によって新しい斎宮が定められました。

斎宮に定められると、すぐさま潔斎生活が始まります。初めの一年は初斎院《しょさいいん》といって内裏《だいり》のなかで、翌年八月上旬になると内裏の外に設けた潔斎所・野宮《ののみや》に移って引き続き精進潔斎の生活を送ります。野宮は、平安時代後期にはおおむね嵯峨野あたりに設けられ、斎宮一代ごとに新造されるため、あまり立派な建物ではなかったようです。『源氏物語』賢木《さかき》の巻に「簡素な小柴垣《こしばがき》を外囲いにして、板葺《ぶ》き屋根の建物は仮普請のようである。黒木の鳥居は大変、神々しく……」と記されているように黒木の鳥居と小柴垣（クロモジの木を用いた低い垣）が特徴でした。黒木の鳥居は皮を剥かないままクヌギの木を使用したもので、日本最古の鳥居の様式といわれています。そののち、三年目の九月には伊勢へ下向するのです。

葵の巻では、六条御息所《みやすどころ》の姫君（一二歳の頃。後の秋好中宮《あきこのむ》）が桐壷帝から朱雀帝の譲位にともなって斎宮となり、伊勢下向までの下り、そして伊勢へは母・御息所が同行するという異例

御櫛をした平安朝女性

なこととなったことが記されています。伊勢へ旅立つ日、桂川で御禊ののち、大極殿《だいごくでん》（焼失後は紫宸殿で行われた）における「別れの御櫛《みぐし》」（「別れの挿櫛《さしぐし》」ともいう）という儀式に臨みます。賢木の巻によると、天皇みずから斎宮の髪に黄楊《つげ》の櫛を挿し、治世が長く続き、斎宮が長く伊勢の地に留まってくれるようにと「都の方におもむきたもうな（都に早く帰ってこないで下さい）」と告げたと記されています。この言葉、重い言葉ですね。そして、大極殿を後にする際、天皇も斎宮も決して振り向いてはならないと定められていたそうです。六条御息所の姫君は、六年余りのち朱雀帝退位に従って退出し、冷泉帝の元に女御として入内《じゅだい》、中宮となる数奇な運命をたどりました。

　さて、歴史上、秋好中宮と同じような例がありました。醍醐天皇の孫・徽子《きし》女王は八歳の時、前斎宮の急逝により斎宮に選出され、母・藤原寛子死去に従って退下する一七歳まで勤めました。その後、村上天皇の女御（斎宮女御）となり、出産した規子《きし》内親王も二七歳の時に円融天皇の斎宮に定められました。この時、母・斎宮女御は初斎院にも同行し、前代未聞の伊勢下向にも同道したのでした。ちなみに、退出後、婚姻に至った斎宮は稀少で、ほとんどは生涯独身であったそうですから、母親が同行したいと願ったのも無理もないことでしょう。

それにしても、紫式部は六条御息所と秋好中宮母子に置き換えて、物語のなかに史実をうまく組み込んでいますね。彼女の筆が成せるわざでしょうか。

野宮の旧跡として最も有名な野宮神社も黒木の鳥居と小柴垣があり、往時をしのばせる姿を伝えています。このほか、斎宮神社・斎明神社も野宮跡といわれています。

野宮神社（右京区嵯峨野宮町）	天照大神を主祭神とし、縁結び、子宝安産の神として信仰を集めている。
斎宮《さいぐう》神社（右京区嵯峨野宮ノ元町）	かつて、御禊の川として用いられた有栖《ありす》川の西に位置している。祭神は天照大神。
斎明《さいめい》神社（右京区嵯峨野柳田町）	貞観元年（八五九）、文徳天皇皇女恬子内親王が斎宮に定められた時、嵯峨の野の宮に篭られた際、天照大神を祀って潔斎した旧跡であると伝えられている。

15 大原野神社

中宮彰子《しょうし》も一門の繁栄を祈願

延暦三年（七八四）、長岡京遷都に際して、桓武天皇の皇后・藤原乙牟漏《おとむろ》（平城・嵯峨両天皇の母。七六〇〜七九〇年）は藤原氏の氏神である春日大社の分霊を大和国から勧請して、大原野神社を創始しました。

大原野という地は長岡京の北方にあり、遷都を機に遊猟地として開発され、桓武天皇も幾度も行幸《ぎょうこう》（天皇が外出すること）して遊猟を行いました。『源氏物語』には行幸《みゆき》の巻に、冷泉帝の鷹狩を目的にした大原野行幸が描かれ、風流を尽くした行列を六条院に住まう光源氏の夫人たちも物見車《ものみぐるま》を仕立てて、見物に出かけたと記されています。

一〇年も経ずに平安京に都が移っても、大原野神社は藤原一族からは春日大社と等しく信仰されました。さらに、朝廷の崇敬も受け、例祭・大原野祭は勅使が遣わされる官祭《かんさい》となりました。

平安時代中期には藤原摂関政治が展開しますが、その重要な役割を果たしたのは天皇の女御《にょうご》や中宮となった藤原氏の娘たちでした。藤原氏の繁栄は彼女たちに委ねられていたといっても過言ではありません。藤原氏はもとより多くの平安貴族たちは、娘を入内《じゅだい》させ、その娘が男子

参詣に供奉する公達

を出生することを夢見ていたのです。藤原氏は一門の変わらぬ隆盛を、祖神大原野神社を参詣して祈願したのでしょう。

貞観三年（八六一）、仁明天皇の女御・藤原順子《のぶこ》（八〇九～八七一年）を嚆《こう》矢《し》とし、寛弘二年（一〇〇五）三月八日には紫式部が仕えた一条天皇中宮・藤原彰子（九八八～一〇七四年）が妹の妍子《けんし》（九九四～一〇二七年）を伴って参拝し、その様子については藤原道長の日記『御堂関白記』に行幸と同じほど盛大であったと記されています。残念ながら、この年の末に紫式部は彰子の元に出仕したと伝えられていますので、この大原野参詣には同行していないようです。

しかし、娘時代の二年間ほど、父・藤原為時に従って越前の国で暮らした紫式部は、大原野神社の背後にある小塩《おしお》山を懐かしんで「ここにかく　日野の杉むら　埋《うづ》む雪　小塩《をしほ》の松に　今《け》日《ふ》やまがへる（暦に初雪が降ったと記される今日、近くに見える日の岳という山に、雪が深く積もっている）」と詠んでいますから、彰子に仕える前に大原野詣をしたことがあったようです。

一族の氏神を崇め、大原野参詣したご利益でしょうか、彰子の妹・妍子は三条天皇の、さらに、その妹・威子《いし》（一〇〇〇～一〇三六年）も後一条天皇の中宮となり、藤原道長の三人の娘で皇后・皇太后・太皇太后を独占する「一家立三后」の偉業を成し遂げたのでした。この慶事を道長は「この世をば　わが世とぞ思ふ　望月の　かけたることも　なしと思へば」と詠み、一門の繁栄を謳歌しました。

大原野神社は西京区大原野北春日町にあり、「京春日」とも呼ばれた。祭神は建御賀豆智命《たけみかづちのみこと》・伊波比主《いわいぬし》命《みこと》・天之子八根命《あめのこやねのみこと》・比売神《ひめがみ》。平安時代には隆盛を極め、伊勢や賀茂にならって斎女《いつきめ》（神に奉仕する童女）を置き、隆盛を極めたが、中世には衰頽した。慶安年間（一六四八～五二年）、後水尾天皇が多武峰《とうのみね》春海に命じて再興した。在原業平も清和天皇の皇后・藤原高子の参詣に際して供奉し「大原や　小塩の山も　けふこそは　神代のことも　思い出づらめ」と詠んだ。境内には奈良の猿沢の池をまねてつくった鯉沢の池があり、睡蓮や杜若《かきつばた》が美しく、古歌に詠まれた「瀬和井《せがい》」の清水も湛えている。

16 紫式部が晩年を送った地

雲林院

紫式部の宮仕えは寛弘二年（一〇〇五）の年末ごろから始まったといわれていますが、中宮彰子の元に出仕する前から『源氏物語』は書き始められていたようです。

『紫式部日記』寛弘五年（一〇〇八）一一月一日、土御門殿《つちみかどどの》（藤原道長邸）で娘・彰子が出産した敦成《あつひら》親王（後の後一条天皇）の「五十日《いか》の祝（子供が誕生して五〇日目に行う祝い）」が催され、歌人としても著名であった藤原公任《きんとう》（九六六～一〇四一年）と出会います。彼は紫式部に向かって「恐れ入りますが、このあたりに若紫は居られませんでしょうか」と酔態で尋ねたと記されていますから、すでに、若紫の巻まで筆は進み、一条天皇の宮廷でも評判になっていたようです。

しかし、いつ頃『源氏物語』が完成したのかは不明で、なおかつ、宮仕えを終えた後の紫式部の消息も定かではありません。おそらく、中川近くの堤中納言邸でも暮らし、晩年は『源氏物語』の注釈書『河海抄《かかいしょう》』（四辻善成《よつつじよしなり》著。一四世紀中頃成立）に「式部の墓所は雲林院白毫《びゃくごう》院の南にあり」と記されていることから、平安京北郊・紫野にあった雲林院《うりんいん》の近くにも住まいしたといわれています。

雲林院は、もとは平安京の郊外・紫野に淳和天皇（七八六～八四〇年）が造営した離宮でした。

雲林院の花見（『都林泉名勝図会』）

紫野一帯は古来、「紫の雲の林」と呼ばれ、宮廷の遊猟地であるとともに、春は桜花、秋は紅葉の景勝地としても知られていました。この院は仁明天皇（八一〇〜八五〇年）の離宮となった後、第七皇子の常康《やすつね》親王（？〜八六七年）に譲られました。仁明天皇が崩御すると、父帝に溺愛された親王は悲しみのあまり嘉祥四年（八五一）に出家し、以後、ここで隠棲生活を送ったそうです。親王の没後は僧正遍昭（八一六〜八九〇年）に託され、仏寺に改められたのでした。仏寺となった雲林院には藤原道長も詣でたと伝えられ、『今昔物語集』や『大鏡』にも賑わっていた様子が記されています。

さて、『源氏物語』賢木《さかき》の巻に記さ

れた雲林院は、光源氏の亡母・桐壺更衣の兄である律師がいる寺として描かれています。藤壺中宮との道ならぬ恋に悩んだ光源氏は、秋の紫野あたりの風情を楽しむついでに雲林院を訪れ、教典を読誦したり、書写して数日、参籠したと記されています。雲林院の伽藍などについての描写はみられませんが、木立が一面に紅葉してゆく優美な様子などの表現は紫式部自身も参詣したことであろうと想像されます。雲林院の秋の風情に心惹かれた紫式部は、終《つい》の棲家としてこの地を選んだのでしょうか。

現在、雲林院があった場所には大徳寺が建立され、その塔頭《たっちゅう》として宝永四年（一七〇七）にかつての寺名を踏襲して再興されました。

雲林院は北区紫野雲林院町にある臨済宗大徳寺派大本山大徳寺の塔頭。本尊は十一面観音。平安時代には広大な境内を誇った大寺院として隆盛を誇ったが、鎌倉時代には荒廃し、一旦、正中元年（一三二四）に大徳寺の塔頭として復興され、以後は禅寺となった。しかし、応仁の乱によって廃絶し、現在の雲林院は江戸時代中期に再興されたものである。同じく大徳寺山内の龍源院には「紫式部お手植えの山茶花《さざんか》」、真珠庵には「紫式部の産湯の井戸」などの遺跡がある。西行も訪れたことがあり、「これやきく　雲の林の　寺ならん　花を尋ねる　こころやすめん」と詠んでいる。

其の三
才気煥発・清少納言が体感した平安京つれづれ

17 平安神宮

大極殿《だいごくでん》を模したパビリオン

平安時代、即位式や元旦朝賀《ちょうが》などの国家的な重要儀式は、天皇が政務を執った大極殿《だいごくでん》で行われました。平安京最大の唐風建築物で、正面一一間（約一二〇メートル）、奥行四間（約七・二メートル）の規模を誇っていました。貞観一八年（八七六）と康平元年（一〇五八）に大極殿は焼亡し、延久四年（一〇七二）に新造されましたが、「安元の大火」（一一七七年）に至って全焼した後は再建されることはありませんでした。

清少納言は大極殿で行われた法会のひとつ「御斎会《ごさいえ》」（「みさいえ」ともいう）について、『枕草子』きらきらしきものの段に「威儀正しく、輝くばかり立派である」と書き留めています。この法会は正月八日から一四日までのあいだ、高僧に国家安寧・五穀豊穣を祈願させるもので、『年中行事絵巻』にも描かれています。大極殿の前には広い庭があり、袍裳《ほうも》七條袈裟《けさ》を着けた数十人の僧たちが行道《ぎょうどう》する初日と、夜のとばりが降りた庭上で舞楽が奏されている最終日の様子が描写され、荘厳な雰囲気が伝わってきます。

さて、平安時代にタイムスリップして、大極殿の雰囲気を体感することができます。それは、京都観光の定番ともいわれる平安神宮を訪れることです。

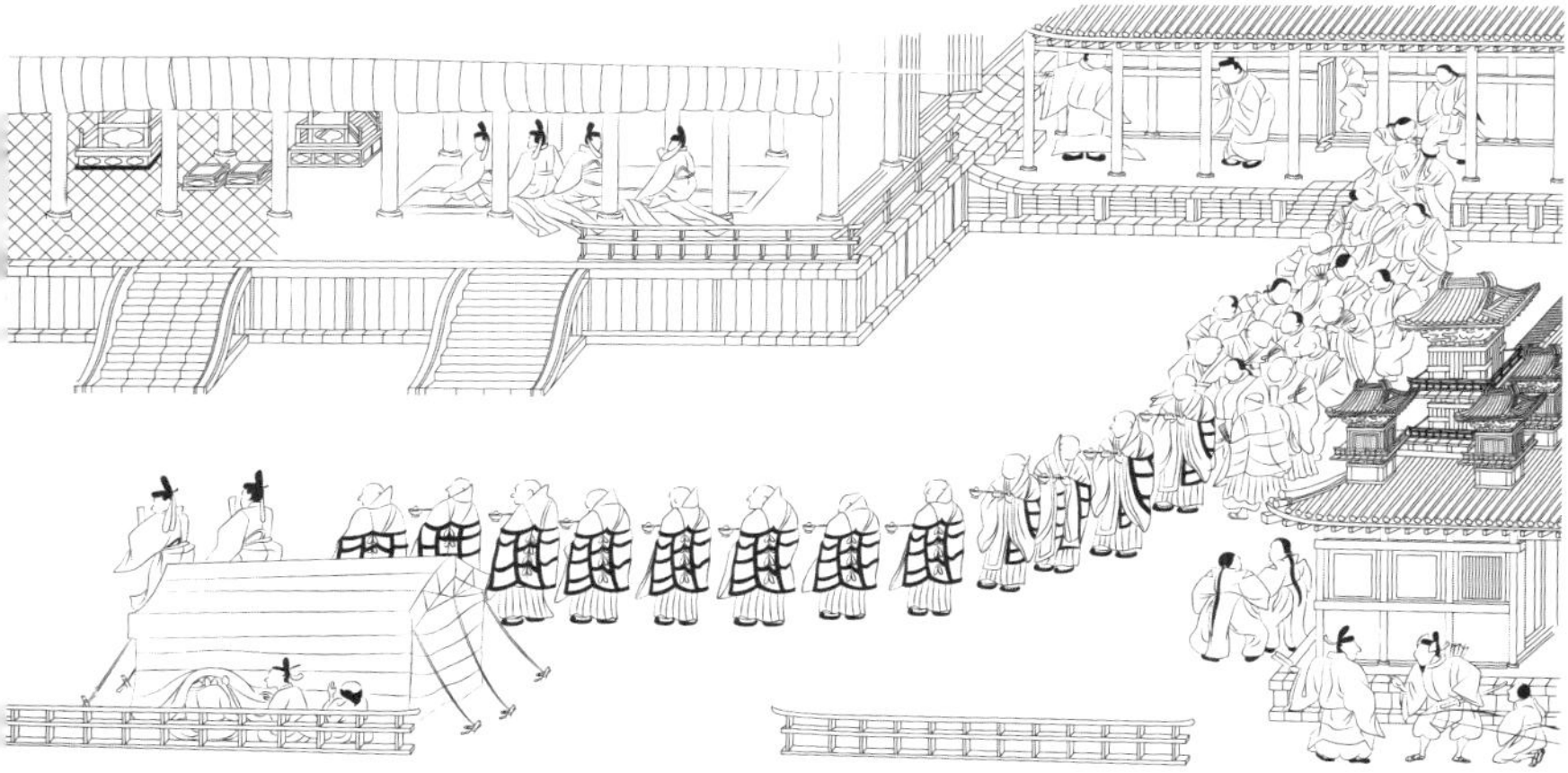

平安神宮　『年中行事絵巻』御斎会

もともと、平安神宮は明治二八年（一八九五）、平安遷都一一〇〇年で沸き立つ京都で催された「第四回内国勧業博覧会」において、大極殿と応天門を五分の三の規模で建設したパビリオンの一つでした。設計に関しては伊東忠太（東京帝国大学教授。一八六七～九五年）・木子《きこ》清敬《きよよし》（皇室関係の建築設計家。一八四五～一九〇七年）・佐木岩次郎（帝室技芸員。一八五三～一九三六年）らが担当し、平安時代を彷彿とさせる大極殿と応天門が見事に復元されたのでした。『年中行事絵巻』にみられるように、右に蒼龍楼《しょうりゅうろう》・白虎楼《びゃっころう》を備え、丹《に》塗りの円柱が立ち並び、四周に朱欄《しゅらん》（朱色の欄干）が巡らされ、緑釉《りょくゆう》瓦葺の社殿は平安朝の大極殿そのままの様相で圧巻です。

　実は博覧会終了後は取り壊されることになっていましたが、その精緻さが評判になり、存続を望む保存運動が起こり、神社として残すことになったのです。この保存運動が起こらなければ、威風堂々とした大極殿の姿は絵巻で見るほかなかったのですね。

平安神宮は左京区岡崎西天王町にあり、平安京遷都を行った桓武天皇を祭神とする神社として明治二八年（一八九五）に創建。さらに皇紀二六〇〇年（一九四〇）を記念して、平安京で過ごした最後の天皇である孝明天皇を合祀し、今日に至っている。境内は約二万坪ほどあり、その半分は明治から昭和にかけての名造園家・七代目小川治兵衛（植治）が造った「平安神宮神苑」で占められている。苑内は琵琶湖疏水から引き入れた池のある池泉回遊式庭園で、国の名勝に指定されている。

平安京遷都を記念して、毎年一〇月二二日には平安時代から幕末にいたる時代衣裳をまとった神幸列のある「時代祭」が斎行される。葵祭、祇園祭と並んで、京都三大祭のひとつである。

なお、大極殿があったと想定される中京区千本丸太町北側の児童公園内には「大極殿蹟趾」と大きな石柱が立てられている。

18 上賀茂神社 血湧き肉躍る競馬《くらべうま》観戦

平安時代、五月五日の端午節会《たんごのせちえ》には大内裏《だいり》において、馬上で弓を射る騎射《うまゆみ》とともに競馬《くらべうま》が行われていました。

競馬は二頭の馬が直線コースの馬場で勝負を争うもので、清少納言も観戦し、『枕草子』の胸つぶる、ものの段に「胸がドキドキするもの。競馬の見物」と綴っているように、緊張感とスピード感にあふれるものだったようです。公卿《くぎょう》（三位《さんみ》以上の貴族）の特権として私邸でも行われ、藤原頼通が万寿元年（一〇二四）に高陽院《かやいん》で催した有様は『栄花物語』の駒競《こまくら》べの行幸の巻に記され、『駒競行幸絵巻』としても絵画化されています。

さて、寛治七年（一〇九三）以後、競馬は賀茂別雷《わけいかずち》神社（上賀茂神社）に場所を移し、宮廷の年中行事から「競馬会《くらべうまえ》」という神事に変貌しました。と同時に、庶民の見物も適うようになり、たいそう人気を博すようになっていきました。たとえば、『徒然草』の作者・吉田兼好も競馬観戦に神社に出向いています。押すな押すなの人だかりで、馬場の埒《らち》の側に近寄っても何も見えなかったそうです。

その後も競馬熱は白熱し、足利義満・義輝・義昭をはじめ、織田信長も自らの馬を出場させ、

賀茂競馬

観戦したと伝えられています。『信長《しんちょう》公記』によると、天正二年五月五日（一五七四）の競馬会に、信長自慢の葦《あし》毛《げ》（灰色）と鹿毛《かげ》（茶褐色）の名馬二頭と、馬廻衆《うままわりしゅう》（親衛隊）からも一八頭を出し、信長所有の名馬はともに勝利をおさめ、大変、満足したそうです。古来、馬は神様が乗られる神聖な動物であるとされていましたから、信長は厳粛な神事に名馬を出場させて武運長久を願ったのでしょうか。

今日、絵馬に願い事などを書いて社寺に奉納する光景がみられますが、もとは願い事が成就した暁に神馬《しんめ》を奉納したもので、板に馬の絵を描いた絵馬はその代用として誕生したものです。

現在、上賀茂神社の競馬神事は毎年

五月五日に、一の鳥居から二の鳥居にいたる馬場、約二〇〇メートルの距離で行われています。賀茂県主《あがたぬし》の子孫である賀茂県主同族会の人々が務める乗尻《のりじり》（騎手）は、武官の裲襠《りょうとう》装束に身を包んで騎乗します。スタート地点には「馬だしの桜」、ゴール地点には「勝負の楓」と呼ばれる桜と楓が植えられているほか、鞭《むち》を打つ場所の目当てとなる「鞭打ちの桜」などがあり、スピードを競うだけでなく、古式ゆかしい作法に従って行われています。

競馬神事は十数頭もの馬が長距離を疾走する今日の競馬と比べると物足りないかもしれませんが、勝負にこだわらない神事である厳粛さに魅了されます。

上賀茂神社は北区上賀茂本山町に鎮座する古代の豪族賀茂氏の氏神。正式には賀茂別雷《わけいかずち》神社というが、一般には上賀茂神社、単に上社《かみしゃ》ということもある。祭神は賀茂別雷大神で、下鴨神社の祭神玉依《たまより》比売命《ひめのみこと》の御《み》子神《こがみ》にあたり、拝殿にあたる細殿《ほそどの》の前にある一対の円錐形の立砂《たてずな》は祭神が降臨した神山《こうやま》を象ったものである。九月九日には、五穀豊穣・延命長寿を祈願して「烏《からす》相撲」（京都市無形民俗文化財）が行われる。境外末社として大田神社のほか、京都市立植物園内に半木《なからぎ》神社があり、一帯は平安時代以来の自然林が保護されている。

19 清少納言、宮仕えの日々を綴る 京都御所・清涼殿

清少納言が一条天皇中宮・定子《ていし》（藤原道隆の娘。九七七～一〇〇一年）の女房として仕えたのは、正暦四年（九九三）冬頃から長保二年（一〇〇〇）までの七年ほどでした。父・清原元輔（九〇八～九九〇年）は梨壺の五人（『万葉集』の解読や『後撰和歌集』の編纂を行う）の一人として高名な歌人でしたが、彼女は和歌の才能がないことを痛感していたようで、宮仕えのあいだに和歌を所望されても父の名を辱めると固辞したそうです。

さて、宮仕えをはじめた清少納言は、大空間で構成された貴族の一般的な邸宅に対して、天皇の居所である清涼殿の間仕切りが多いことに驚いたようです。というのも、清涼殿は昼御座《ひのおまし》（昼間の座所）・夜御殿《よんのおとど》（寝所）・台盤所《だいばんどころ》（女房たちの詰所。貴族の邸宅では台所）・朝餉間《あさがれいのま》（軽い朝食を摂る部屋）・御手水間《みちょうずのま》（調髪をする部屋）など用途に応じて小空間に区切られ、現在の襖《ふすま》に相当する障子で隔てられていました。さらに、彼女が驚き、気味悪がったのが『枕草子』清涼殿の丑寅の隅の段に記されている「荒海障子《あらうみのしょうじ》」でした。波濤立つ海辺にやたらと手の長い人物と足の長い人物が描かれており、上の御局《みつぼね》の戸がいつも開いているので、絶えず目にはいるので「気味が悪い」などといって女房たちで笑っていたそうです。

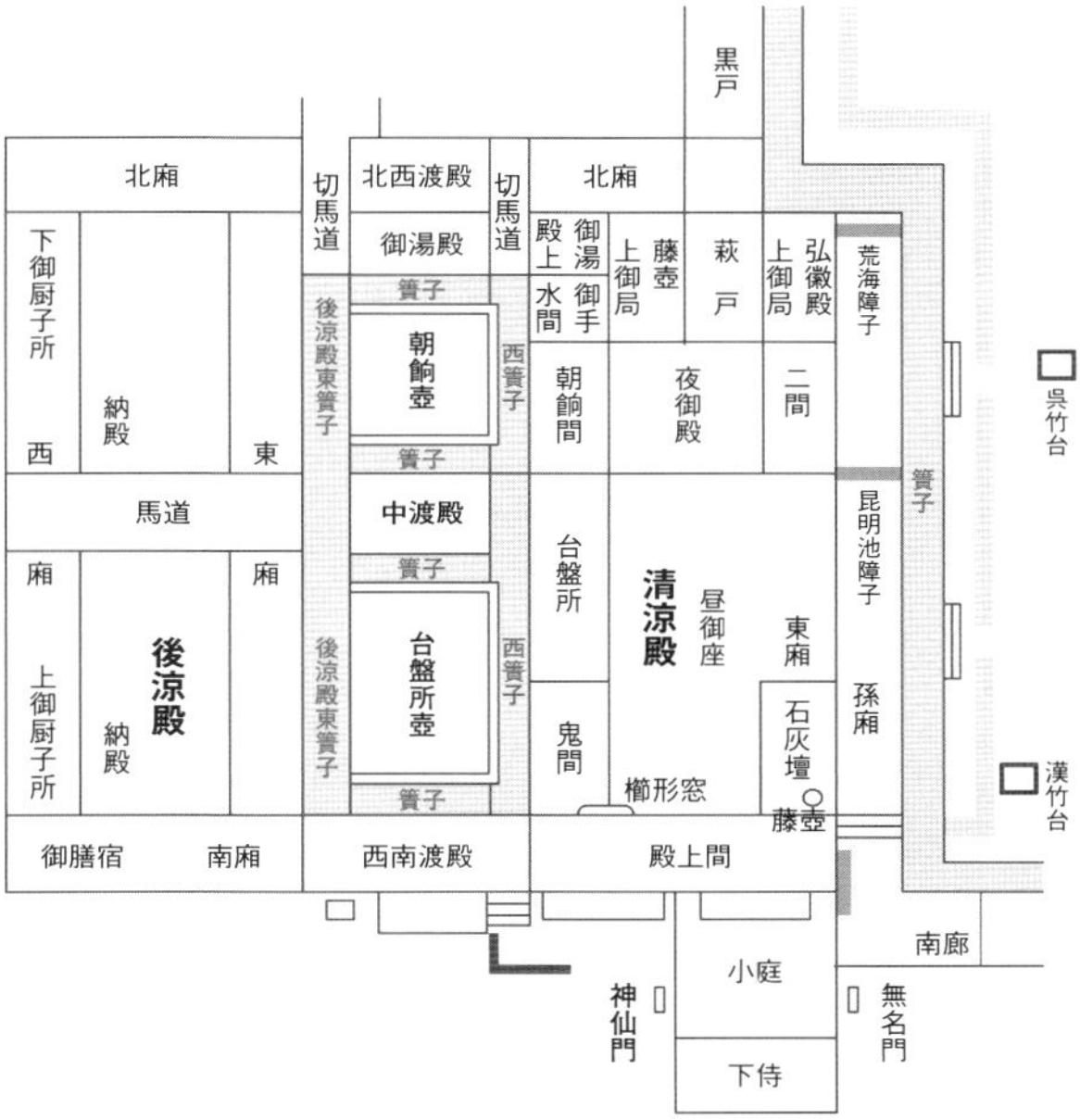

清涼殿　平面図

さらに、天皇の食事時間についても興味をそそられたようで、朝夕二度（午前一〇時と午後四時）の食事に際して、「昼御座のほうでは、天皇の御食膳を運ぶ蔵人《くろうど》たちの足音が高い。先払いなどが「おーし！」という声が聞こえる……食膳の準備が整ったことを奏上すると、天皇は中の間を通って昼御座にお出ましになる」と、蔵人が天皇の夕の御食膳を運ぶさま、御膳が整ったことを奏上する声や様子など目慣れぬ作法の奥ゆかしさにしみじみと感嘆しています。

また、「名対面《なだいめん》」と呼ばれる亥《い》の刻（午後一〇時ごろ）に行われる宿直《とのい》の殿上人《てんじょうびと》の点呼に答えて、名を名乗る声を「名乗りよし」「名乗りあし」と批評し合う女房たちの楽しげな様子についても記しています。

このような華やかな宮仕えの日々のなかで、さまざまな「をかし（興味深い）」を書き綴ったのが『枕草子』の面白味といえるのではないでしょうか。

現在、上京区京都御苑内にある京都御所は安政二年（一八五五）に再建されたもので、約一一万平方メートルの敷地を有している。平安時代以来、幾度も火難にあった内裏は、その度に新造されたが朝廷の弱体化とともに殿舎の荒廃も進行した。織田信長の寄進によって内裏新造に着手され、紫宸殿・清涼殿に加え、小御所・御常御殿などが造営され、現在の京都御所の原型が整えられた。

文禄の大地震（一五九五年）による罹災、天明の大火（一七八八年）での焼失後、新造するにあたって平安時代様式を再現することを試み、有職故実家裏松固禅《うらまつこぜん》、儒学者柴野栗山《しばのりつざん》が考証に当たった。

東京遷都に従って、内裏周辺に在った多くの公家が東京へ移り、急速に荒廃していった。その後、内裏を囲む火除け地を確保することを目的に、軒を連ねる旧公家屋敷の空家の撤去、跡地の整備が行われ、市民憩いの場・京都御苑となった。

20 足弱《あしよわ》・清少納言の初午《はつうま》詣

伏見稲荷大社

平安貴族の女性たちの多くは生涯の大部分を邸宅で過ごし、外出は極めて稀なことでした。彼女たちの数少ない外出といえば、牛車《ぎっしゃ》を仕立て、祭の行列などを見物する「物見《ものみ》」か、社寺に参詣する「物詣《ものもうで》」でした。かの才媛・清少納言も伏見稲荷に参詣して、郊外への外出を果たしました。

古来、伏見稲荷は五穀豊穣の神として崇められ、平安中期以降、熊野詣の往復には伏見稲荷を参詣するのが慣わしとなり、「験《しるし》の杉（杉の小枝）」を拝受して、冠や装束につけることが一般化していました。

さて、清少納言が参詣したのは二月の初午（伏見稲荷の神が降りた日）の日で、その苦労話を『枕草子』うらやましげなるものの段に綴っています。一大決心をして早暁に自邸を出発したのですが、社殿のある稲荷山までの坂を半分くらい登ったところで、もう午前一〇時頃になってしまったそうです。疲労困憊していると、壺装束《つぼしょうぞく》（旅装）もしない軽装の女性に遭遇します。彼女は一日で稲荷山を七往復もして参拝する健脚で、宮仕えですっかり足弱になった清少納言には羨ましい限りで、稲荷詣を思い立ったことを後悔することしきりでした。

さて、同じく初午詣に関する愉快な話が『今昔物語集』に収められています。近衛舎人《このえどねり》の茨田重方《まんだのしげかた》は友人六人で初午詣を計画しますが、酒肴を持参した物見遊山の参詣でした。中の社《やしろ》に差しかかったところで被衣《かずき》をかぶった美しく、艶めかしい女性と出逢いました。人目も憚らず、必死に女性を口説き続けると、その女性は重方に平手打ちをくわせたのです。よくよく見てみると、「猿のような顔をした妻であった」と記されています。笑うに笑えないような話ですが、清少納言もそうですが、女性が一人で詣でることも稀ではなかったようです。

壺装束の女「春日権現験記」より

『枕草子』には苦労してたどり着いた後のことは記されていませんが、山道を一歩一歩、踏みしめて参詣できた感慨も一入《ひとしお》だったことでしょう。現代人も古《いにしえ》の人々の思いを感じながら、参詣道を歩きたいものです。

伏見稲荷大社は伏見区深草藪ノ内町に鎮座し、全国の稲荷神社の総本社。現在、本殿は東山三十六峰の最南端に位置する稲荷山の西山麓にあるが、稲荷山（標高二三三メートル）全体を神域としている。もとは山上に社殿があり上中下三社に分かれていたが、永享一一年（一四三九）、下社であった山麓に社殿を移し、現在のように一社となった。応仁の乱で焼亡した本殿は、明応八年（一四九九）再興され、稲荷造（五間社流造）で重要文化財。御茶所（非公開・重要文化財）は仙洞御所にあったものを後水尾天皇から下賜されたと伝えられる。江戸時代には商人たちに商売繁盛の神として人気を博し、願い事が成就した御礼として朱の鳥居を奉納する習慣が広まった。今日、「千本鳥居」と呼ばれているのがこれである。楼門内には、社家出身の国学者・荷田春満《かだのあずままろ》（一六六九～一七三六年）の旧宅が保存されている。

21 『枕草子』で観光案内　船岡山

「春はあけぼの。やうやうしろくなり行く、山ぎはすこしあかりて、むらさきだちたる雲のほそくたなびきたる……」で始まる『枕草子』は、平安京を取り囲む自然環境にも敏感で、お奨めの景勝地についても記しています。

たとえば、「山は　をぐら山。かせ山。みかさ山……」「野は　嵯峨野さらなり……小野。紫野」というような観光案内ともいえそうなフレーズがあります。そのなかでも「岡は　船岡。片岡。鞆岡《とものおか》」の船岡に注目してみましょう。平安京の北郊にあるところから、貴族たちは正月子《ね》の日には船岡山に出かけ、若菜を摘んだりして遊ぶ「子の日の遊び」を楽しみました。

さて、船岡山は平安京遷都に際して重要な役割を果たしました。平城京造営以来、都となるべき土地は「四神相応《しじんそうおう》」の地勢であることが求められたのです。四神とは、中国や朝鮮半島、日本において伝統的に東西南北の四方を司る霊獣で、青龍《せいりゅう》・朱雀《すざく》・白虎《びゃっこ》・玄武《げんぶ》（亀に蛇が巻きついた姿を表す）の四獣《しじゅう》をいいます。地勢においては平安中期、稀代の陰陽師として名高い安倍晴明（天文博士。九二一～一〇〇五年）が「東に流れる水を青龍、南にある沢畔を朱雀、西の大道は白虎、北にそびえる高山を玄武と名付ける。これらの四つがすべて備わっていることを四神相

子の日の遊び

応の地という」と語っているように、東の流水は賀茂川（青龍）、南の沢畔は巨椋池《おぐら》（朱雀）、西の大道は双ヶ丘《ならび》の交通路（白虎）、北の高山は船岡山（玄武）に相当します。とくに、玄武が守護する船岡山を基点に南方に向けて、平安京の中心線（朱雀大路、現・千本通）を定めたといわれています。

船岡山は標高一一一メートルほどの小山ですが、山上からは南下するほど低くなっている平安京を一望でき、清少納言も推奨する景勝地でした。稲荷詣（第20節参照）ではヘトヘトになった清少納言ですが、船岡山には難なく登ることができたのでしょう。

それゆえ、条坊制によって整然と区画整理された平安京を一望できる船岡山を岡の第一番目にあげているのではないでしょうか。

船岡山は北区紫野北舟岡町ある小山。平安中期以降は船岡山の裾野である蓮台野《れんだいの》は、鳥辺野《とりべの》・化野《あだしの》と並んで平安京外の三大葬送地となった。この地を訪れた吉田兼好は『徒然草』に「鳥部野《とりべの》、船岡、さらぬ野山にも、送る数多かる日はあれど、送らぬ日はなし」と述べている。疫病が蔓延したときには、この山で御霊会《ごりょうえ》（疫神《えきじん》、または死者の怨霊を鎮め、なだめるために行う祭）が営まれることもあった。

また、応仁の乱の際に西軍の山名教之や一色義直らが船岡城を築城し、立て籠もった。明治一三年（一八八〇）、山中に織田信長を祭神とする建勲《けんくん》神社が創建された。昭和六年（一九三一）には山全域の自然環境維持のため風致地区とし、「船岡山公園」として整備され、現在に至っている。

22 憧憬の対象、荘厳たる「はちまんさん」石清水八幡宮

平安時代において「まつり」といえば、都に初夏を告げる五月の賀茂祭《かもさい》（上賀茂・下鴨両神社の例祭。葵祭ともいう）を指すほど待ちこがれるものでしたが、平安京の南西・八幡《やわた》に鎮座した石清水《いわしみず》八幡宮の臨時祭（三月）も壮麗なものでした。賀茂祭を北祭《ほくさい》と称するのに対して南祭《なんさい》といい、勅使が遣わされ、社頭では賀茂祭同様、「東遊《あずまあそび》」が奉納されました。『枕草子』なほめでたきものの段に、「やはり素晴らしいことは、臨時の祭を控えて、宮廷で行われる行事だろうか。試楽《しがく》も大変、魅力的である。春の石清水臨時祭の時は、空の気配ものどかで、うららかで……」と、清涼殿の前庭で行われた試楽（リハーサル）を垣間見て感激した様子を記しています。

また、長徳元年（九九五）一〇月二一日には一条天皇の石清水行幸があり、翌日の還御《かんぎょ》の行列を桟敷で見物していた生母・詮子《せんし》に挨拶の文を遣わした様子をみて、化粧もはげ落ちるほど感涙したと綴っています。

石清水八幡宮は男山（鳩ヶ峰。標高一四三メートル）の上に鎮座し、山麓には摂社・高良社《こうら》や頓宮《とんぐう》（御旅所）があります。創建以来、宮寺形式をとっていたため東寺・延暦寺・清水寺・仁和

東遊

寺などと深い繋がりを持っていましたが、明治の廃仏毀釈によって仏式は排除され、山麓にあった極楽寺も廃寺となりました。

さて、『徒然草』に石清水八幡宮を参詣した仁和寺の法師の話が記されています。師はかなりの年齢にもかかわらず、石清水八幡宮を参詣したことがなく、常々、情けないことだと思っていました。ある時思い立って、一人、徒歩で出かけ参拝を果たしました。お寺に帰って傍輩《ほうばい》に「聞いていた以上に荘厳だった。他の参詣者が皆、山へ登っていったが、何かが山上にあるのなら行ってみたいとは思ったが、お参りすることが本義であるから山上には行かなかった」と話すと、傍輩から、師が参拝したのは山麓にある高良社と極楽寺で、本宮は山上にあるのだと聞かされたのです。師の唖然とした顔が目に浮かびそうですが、吉田兼好は「何事にも先達《せんだつ》（指導者）が必要だ」と結んでいます。

「知らぬが仏」とは、このことでしょうが、現在も山麓の高良社は立派な社殿を誇っていますから、法師が本宮と間違ったのは無理もありません。それにしても、やはり事前に最低限の知識を得ておくことは必要ですね。

石清水八幡宮は八幡市八幡高坊に鎮座し、男山八幡宮とも呼ばれる。祭神は誉田《ほんだ》分命《わけのみこと》・比咩《ひめ》大神《おおみかみ》・息長《おきなが》帯姫命《たらしひめのみこと》。貞観元年（八五九）、僧行教が宇佐八幡宮を勧請し、男山に社殿を造営したのに始まる。天元二年（九七九）、円融天皇をはじめとして、たびたび行幸があった。一一世紀半ばからは八幡神が源氏の氏神となり、その後、八幡信仰として武家のあいだに広まり、当社で元服した源義家は八幡太郎と称した。

平安中期から、旧暦八月一五日に行われていた例祭「石清水放生会《ほうじょうえ》」は神仏分離によって「石清水祭」と改名したが、賀茂祭・春日祭とともに三大勅祭の一つに数えられている。なお、石清水臨時祭は天慶五年（九四二）を起源とし、その後、恒例となった。

23 余生も精彩を放つ清少納言

泉涌寺

清少納言は紫式部同様、文学者の家に生まれました。父・清原元輔は「梨壺の五人」の一人で、祖父深養父《ふかやぶ》も有名な歌人でした。

天延二年（九七四）頃、父・元輔が現在の県知事に相当する周防守《すおうのかみ》に任じられ、父の赴任に従って、現・山口東部の鄙《ひな》で四年間、暮らしたそうです。帰京後、結婚・離婚と人生の辛酸を嘗めましたが、正暦四年（九九三）、一条天皇中宮定子（九七六〜一〇〇〇年）に女房として仕える好機に恵まれ、彼女の文学的才能は一気に開花することになります。たとえば、『枕草子』香炉峰《こうろほう》の雪の段に、雪が高く積もったある日のことが、「いつもと違って格子を降ろし、炭櫃《すびつ》に火をおこして女房たちが集まり控えていると、中宮定子様が、「少納言よ、香炉峰の雪は、どうであろうか」と仰せられたので、格子を上げて、御簾を高く上げたところ、微笑まれた」とあり、唐の詩人・白居易が詠んだ「香爐峰雪撥簾看（香爐峰の雪は簾をかかげてみる）」を実践し、漢籍の知識も兼ね備えた博学さに並み居る女房たちも驚きました。しかし、夢のような宮廷活も定子の死によって、突然、終止符が打たれることとなりました。

さて、宮廷を辞した後、清少納言はどのような生活を送ったのでしょうか。晩年は亡父・元

御簾越しにみえる女性

輔の山荘があった東山・月輪《つきのわ》あたりに移り住み、宮廷生活で知己を得た藤原公任や和泉式部・赤染衛門などの歌人と和歌の贈答などの消息《しょうそく》（手紙）を交わしたといわれています。風雅な暮らしぶりのようですが、『古事談』（顕兼編。一二一二～一五年成立）には零落した清少納言の逸話を伝えています。

荒れ果てた彼女の屋敷の前を若い殿上人が乗った牛車《ぎっしゃ》が通りました。彼らは「清少納言も落ちぶれたものだ」と大声で言い放ちました。それを耳にした少納言は怒り心頭ながらも、「あなたがたは、駿馬の骨を買わないということなのだろうか」と切り返したそうです。この駿馬の出典は、「骨でも名馬なら買い手がある」という中国の故事によるものです。さすが漢籍に詳しい少納言のリアクションではありませんか。「香炉峰の雪」にしても、この「駿馬の骨」にしても、一瞬にして漢籍の原典が蘇ってくるほどの精通ぶりには驚くばかりです。

老後は出家したともいわれ、侘び住まいであった月輪の山荘は、現在、「御寺《みてら》」とも呼ばれる皇室ゆかりの泉涌寺という仏寺になっています。東山三十六峰の南端にあたる月輪山麓に広がる境内には後堀河天皇・四条天皇、後水尾天皇以降、幕末の仁孝天皇までの陵墓があります。

泉涌寺は東山区泉涌寺山内町にある真言宗泉涌寺派の総本山。本尊は釈迦如来・阿弥陀如来・弥勒菩薩。平安時代の創建と伝えられるが、実質的な開基は鎌倉時代の僧・俊芿《しゅんじょう》。皇室の菩提寺として「御寺」とも呼ばれる。重要文化財の仏殿の天井画の龍、本尊背後の白衣《びゃくえ》観音は狩野探幽の筆による。また、建長七年(一二五五)、俊芿の弟子・湛海が中国・南宋から請来した楊貴妃観音は百年に一度だけ開帳される秘仏であったが、現在は一般公開されている。

其の四
諸行無常の世界

24 男装の麗人・白拍子の悲しい物語

祇王寺

平安時代末期から鎌倉時代にかけて、白拍子の歌舞が大流行しました。鳥羽天皇（一一〇三～一一五六年）の時代に、島の千歳《せんざい》と和歌の前という二人の女性が舞い始めたのが起源とされ、立烏帽子《たちえぼし》に水干《すいかん》を着用し、白鞘巻《しろさやまき》の太刀を佩《は》く男装スタイルで舞い謡いました。『平家物語』妓王《ぎおう》の巻によると平清盛も白拍子の歌舞を好み、都で評判の名手・妓王を寵愛し、妹の妓女《ぎにょ》とともに邸宅・西八條殿に住まわせるほどでした。

こうして三年の月日が過ぎたある日、白拍子の新星・仏御前の出現で妓王の境遇は一変してしまいました。仏御前は西八條殿に推参して、清盛に舞を披露したいと懇願しましたが、聞き入れてもらえるはずはありません。妓王の取りなしによって、念願叶って舞い謡うと、清盛は、すっかり若く美しい仏御前に魅了されてしまいました。そして、皮肉なことに仏御前は西八條殿に留め置かれ、妓王姉妹は西八條殿から追い払われることになったのです。

その時、妓王は館《やかた》の襖《ふすま》に、「萌え出づるも　枯るるも同じ　野辺の草　いづれか秋に　あはで果つべき（春に芽をふく草も、枯れてゆく草も　もともと同じ野辺に生いたつ草で、いずれは秋になって枯れ凋《しぼ》むものです）」との一首を書きつけ、泣く泣く退出したといいます。並はずれた寵愛を受けても、飽きられる時が来るという予感めいた和歌ですね。

さて、このようにして清盛の寵愛を受けた仏御前でしたが、妓王の身の上を思うと気が晴れません。浮かない様子を気遣った清盛は妓王を呼び出し、仏御前を慰めるために謡い、舞うようにと命じるのです。あまりの仕打ちに、屈辱を味わいながら詠んだ「仏も昔は凡夫《ぼんぷ》なり　われらも終《つい》には仏なり　何れも仏性《ぶっしょう》具せる身を　隔つるのみこそ　悲しけれ（仏も昔は凡人であった。我らもついには仏になる身である。いずれも仏性を具えている身でありながら、今は隔てられているのが悲しいことだ）」には、同席した公卿たちも感涙に耐えない様子だったそうです。西八條殿退出の時といい、当意即妙の和歌が詠めることは、白拍子として抜きん出た才能があった証拠でしょう。

このことがあってから世

白拍子

の無常を感じた妓王・妓女姉妹は母ともども出家し、奥嵯峨にあった往生院の地に庵を結び、隠棲しました。この庵こそが、のちの祇王寺です。その年の秋には、このような憂き目の原因となった仏御前も「娑婆《しゃば》の栄華は夢のまた夢」と悟り、尼姿となって彼女たちの前に姿を現し、ともに庵で暮らすようになったそうです。

権力を恣《ほしいまま》にした清盛に翻弄された女人《にょにん》たちは、現世を厭《いと》い、浄土往生を願って念仏三昧の余生を送ったといわれています。清々しい竹林に囲まれた祇王寺は、一世を風靡した白拍子たちが往生を遂げた慎ましやかな草庵です。

祇王寺は右京区嵯峨鳥居本小坂にある真言宗大覚寺派寺院。明治二八年（一八九五）に廃寺となっていた祇王寺を大覚寺門跡・楠玉諦《くすのきぎょくたい》師が再建計画を立て、賛同した元京都府知事の北垣国道が自身の別荘一棟を寄贈したものである。本尊は大日如来であるが、平清盛・妓王・妓女・刀自《とじ》・仏御前の木像も安置されている。妓王と妓女の木像は鎌倉時代末期の作といわれている。さらに、境内には鎌倉時代の五輪石塔・三重層塔がある。

苔の庭としても知られ、タンポポの楽曲『嵯峨野さやさや』では「朝の祇王寺　苔の道」と歌われている。

25 滝口入道との悲恋に泣く横笛

滝口寺

天皇の日常の居所である清涼殿の東庭には、漢竹《かわたけ》と呉竹《くれたけ》の二種の竹が植えられています。漢竹が植えられている御溝水《みかわみず》の落口は「滝口」と呼ばれ、寛平年間（八八九～八九八年）には清涼殿警護の武者たちの詰所となり、「滝口の陣」とも称するようになりました。

『平家物語』横笛の巻には滝口の武者であった齋藤時頼と横笛との悲恋物語が綴られています。時頼は平重盛（一一三八～一一七九年）に仕えていましたが、一三歳の時に滝口の武者となり、高倉天皇中宮・平徳子の雑仕女《ぞうしめ》（下級女官）横笛を恋するようになりました。これを伝え聞いた時頼の父・齋藤茂頼《もちより》は「名家の婿となれば出世の道も開けるのに、身分の低い女性との恋愛など、とんでもないことだ」と大反対しました。時頼は孝養と恋愛の狭間で「夢まぼろしの世の中に、意に添わぬ女と少しの間、連れ添ったとして何になるだろう。愛する者と連れ添おうとすれば、父の命令に背くことになる」と思い悩んだ末、横笛への想いを断ち切り、一九歳で髻《もとどり》を切って出家し、往生院にあった三宝寺（後の滝口寺）に入りました。これを知った横笛は、時頼に会いたい一心で寺を訪ねますが、仏道修行の妨げになると拒絶されます。

のちに、横笛も尼になったことを聞いた時頼は「そるまでは　うらみしかども　あづさ弓

抱きあう男女

修行僧のかぶる網代笠

まことの道に入ぞ　うれしき（私はあなたが髪を剃って尼になるまでは悲しんでいたが、今はあなたも仏道に入ったとは嬉しいことである）」の一首を贈り、横笛は「そるとても　なにかうらみん　あづさ弓　ひきとゞむべき　心ならねば（髪を剃ったといって何を悲しむことがあるでしょうか、あなたの心はこの世に引き止めることができないのですから）」と返したと記されています。その後、時頼は高野山で修行を重ね「滝口入道」と呼ばれるようになったのでした。現世で叶わなかった恋の幕引きは、ともに出家することだったのでした。きっと、来世でこの恋は成就するのでしょうね。
三宝寺は明治の廃仏毀釈にあって廃寺となりましたが、昭和初期に再建され、祇王寺に隣接する小庵は国文学者佐々木信綱によって「滝口寺」と命名されました。ひっそりと佇む古民家風茅葺《かやぶき》屋根の本堂は、悲恋の舞台としての風情が漂っています。

滝口寺は右京区嵯峨亀山町にある浄土宗寺院。本尊は阿弥陀如来。もとは法然の弟子・良鎮が開いた往生院の子院三宝寺跡を引き継いだものである。明治二七年（一八九四）『平家物語』横笛の巻を題材として高山樗牛《ちょぎゅう》は小説『滝口入道』を発表した。そのなかでは、清盛主催の花宴（花見）で舞楽「春鶯囀《しゅんのうでん》」を舞った横笛を時頼が見初めたことになっているが、物語本文では建礼門院の雑仕女であった横笛を見初めたとだけ記されている。

小督塚

26 想夫恋《そうふれん》を爪弾く小督《こごう》

平安時代、嵯峨野あたりは隠棲の地でもありましたが、『平家物語』では物悲しい女性《にょしょう》が住まう地としても描かれています。

高倉天皇中宮・徳子に仕えた宮廷随一の美女と名高い小督が高倉天皇（一一六一～一一八一年）に見初められ、中宮の父・平清盛の逆鱗に触れて身を隠したのもこの地でした。

小督の巻によると、高倉帝は義父・清盛の手前、おおっぴらに小督の行方を捜すことができず、腹心の弾正少弼《しょうひつ》源仲国に小督の行方探索を命じます。亀山（現・天龍寺後方の山）を探していると松林から、かすかに琴の音が聞こえてきたのでした。龍笛《りゅうてき》と合奏したことのある仲国には耳覚えのある音色で、琴の名手として知られた小督の爪音《つまおと》と確信しました。「峯の嵐か、松風か、探している人の琴の音かと、半信半疑で馬を進めると建物の中で琴を奏《かな》でている小督がいた。……楽は何かと聞くと、「夫を想って恋うとよむ想夫恋《そうふれん》」という楽であると答えた」と記されているように、想夫恋を爪弾き、帝への恋慕の情を募らせていたのでした。

この「想夫恋」という雅楽曲は、元は「相府蓮」と記し、「丞相府《じょうしょうふ》の蓮《はす》」、つまり大臣の官邸の蓮を表していました。のちに、「相府」と「想夫」の音が通じることから、夫を想う妻の恋情を表すようになり、『枕草子』にも「箏で弾く想夫恋はすばらしい」と記されています。

小督は一旦、宮廷に戻りましたが、治承元年一一月（一一七七）に範子内親王を出産後、清盛に捕えられ、二三歳の若さで東山にある清閑寺において出家させられたのでした。

小督局（『都林泉名勝図会』）

『平家物語』には世を儚《はかな》んで出家する女性《にょしょう》が多く描かれていますが、小督の場合は清盛の政略によって相思相愛の高倉帝と引き離されたばかりか、無理矢理、俗世と縁を切らされる出家だったといえるでしょう。

仲国が小督を探し出した場所は嵐山・渡月橋左岸と推定され、現在、「小督塚」と称する五輪石塔が建てられています。また、仲国が琴の音を聞いた渡月橋のたもとには「琴きき橋跡」の石柱があります。

小督塚は右京区嵯峨天竜寺芒ノ馬場町にあった小督の仮住居跡に立てられている。法輪寺（西京区）には「小督の経塚」といわれるものがあり、常寂光寺（右京区）には高倉天皇より贈られた「車琴」が伝えられている。また、出家した清閑寺（東山区）には「小督供養塔（宝篋印塔）」があり、平等寺（下京区）には小督愛用の硯と硯箱、琴、髪の毛を織り込んだとされる光明真言の織物の三点の遺品が伝承されている。

27 鞍馬の天狗に剣術を習った牛若（源義経）

鞍馬寺

源義経（幼名牛若。一一五九～八九年）は、父・源義朝（一一二三～六〇年）と愛妾・常盤御前《ときわごぜん》の間に今若（後の阿野全成《あのぜんじょう》。一一五三～一二〇三年）、乙若（後の義円《ぎえん》。一一五五～八一年）とともに、三兄弟の末弟として生まれました。

平治の乱において義朝が敗死し、二人の兄は出家して僧侶となりましたが、牛若は鞍馬寺の別当、東光坊の阿闍梨蓮忍《れんにん》の許《もと》に預けられ「遮那王《しゃなおう》」（稚児名）と名乗り、七歳から一一歳までの少年期を過ごすことになります。稚児というのは武家や、天台宗・真言宗の寺院で召し使われた俗体の少年のことで、牛若は東光坊に起居していましたが、出家の身ではありませんでした。

この間の生活を題材とした謡曲に『鞍馬天狗』があります。ある日、鞍馬寺の僧侶が稚児たちを伴って花見の宴にやって来たところ、見知らぬ山伏が現れ、同席を不快に感じた僧侶たちは牛若だけを残して立ち去ります。鞍馬寺の稚児の多くは平氏出身の者で、源氏は牛若だけで、いつも仲間はずれになっていました。牛若を不憫に思った山伏は、心を尽くして慰め、最後に鞍馬山に住む大天狗であると明かします。そして、打倒平家の機運が熟した時には、協力を惜

平安朝の男童

しまないと約束し、その後、山伏は兵法の奥義や剣術を伝えたとされています。弱き立場にいた牛若に心を寄せた山伏の心情には、すでに「判官贔屓《ほうがんびいき》」があったのでしょうか。

異母兄・源頼朝の挙兵に馳せ参じた義経は、寿永三年（一一八四）二月四日の一ノ谷の戦いでは鵯《ひよどり》越えの逆落としで平氏を破り、壇ノ浦の戦いでは生来の身軽さで船から船へ飛び移る「八艘《そう》飛び」を繰り広げ、遂に悲願の平家滅亡をなしえました。奇襲作戦は、鞍馬山の大天狗から伝授された兵法によるものかもしれません。

さて、鞍馬寺の境内は老杉巨

桧が生い茂り、木の根が出た参道は『枕草子』に「近うて遠きもの」と記されているほどの九十九折《つづら》りで、牛若の心身の鍛練にも好適地であったのではないかと感じられます。また、牛若が東光坊から奥の院に剣術修行に向かう途中、喉の渇きを潤したという「息つぎの水」をはじめ、奥州下向に際して、名残を惜しんで背比べをした「背比べ石」、笛を吹いた「笛桜」、義《ぎ》経堂《けいどう》など縁《ゆかり》の地があります。

鞍馬寺は左京区鞍馬本町にある鞍馬弘教の総本山。開基は鑑真の高弟・鑑禎《がんてい》とされ、本尊は毘沙門天王、千手観世音菩薩、護法魔王尊である。寛平年間（八八九～八九七年）には真言宗寺院となり、一二世紀には天台宗に改宗した。寛治五年（一〇九一）には白河天皇が参詣、承徳三年（一〇九九）には関白・藤原師通が参詣するなど、平安後期には広く信仰を集めた。なお、『源氏物語』若紫の巻で、光源氏が瘧病《わらわやみ》平癒のために参詣した「北山のなにがし寺」は鞍馬寺ではないかともいわれ、彼が詠んだ「吹き迷ふ　深山《みやま》おろしに　夢さめて　涙もよほす　滝の音かな」に因む涙の滝がある。

28 義経と弁慶の出会い

五条大橋

鞍馬寺の稚児であった牛若は、夜な夜な寺を脱け出して都を徘徊していました。一方、荒法師武蔵坊弁慶は道行く人を襲っては、太刀を奪い取り、怪力無双を誇っていました。

この二人が出会った場所はどこかといえば、誰もが五条大橋（現・松原橋）と答えるのではないでしょうか。一九一一年に発表された文部省唱歌『牛若丸』にも「京の五条の橋の上　大の男の弁慶が　長い薙刀《なぎなた》ふりあげて　牛若めがけて斬りかかる」と歌われています。しかし、五条大橋と設定されたのは明治時代のお伽噺《とぎばなし》作家・巖谷小波《いわやさざなみ》（一八七〇～一九三三年）の『日本伽噺』や謡曲『橋弁慶』によるもので、史実は少し違うようです。

室町時代初期に成立した『義経《ぎけい》記』によると、九九九本の太刀を集めた弁慶が、千本目に「どうか良い太刀を授けて欲しい」と五条天神社に祈った夜、神社近くの現・松原通堀川あたりで腰に立派な黄金《こがね》造りの太刀を佩《は》いた牛若に遭遇し、挑みかかりますが、返り討ちにあい悲願は達成できなかったと記されています。さらに、翌六月一八日の夜、観音様の縁日に清水寺に参詣した弁慶は、ここでも牛若と出くわしているのです。このように、二人が五条大橋で出会ったとは、どこにも書かれていないのです。

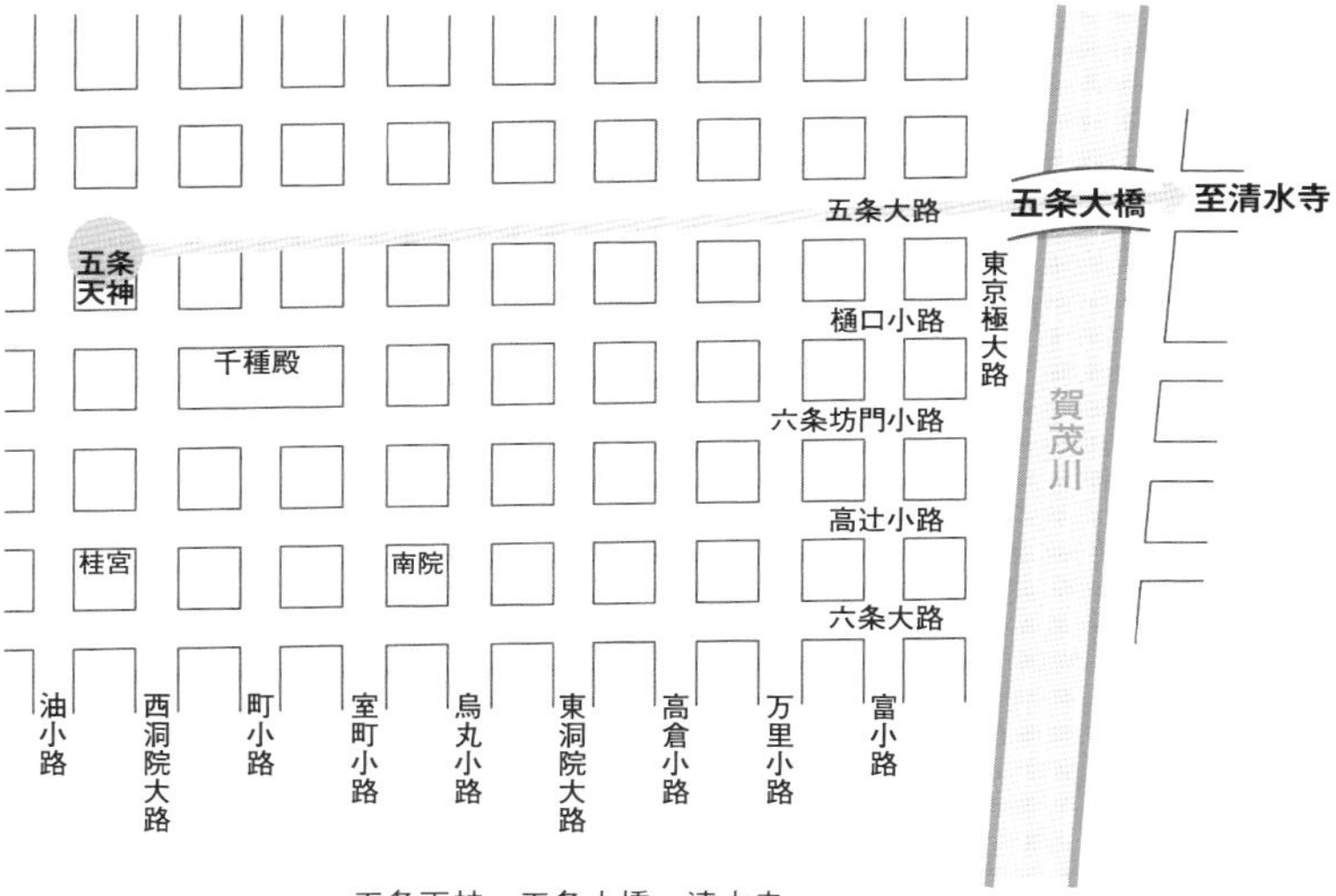

五条天神→五条大橋→清水寺

しかし、五条天神社・五条大橋・清水寺の位置を確認してみますと、平安京の五条大路（現・松原通）の一直線上に並んでいるのです。賀茂川に架かる五条大橋を渡って東進し、清水坂を登ると清水寺に至ります。つまり、五条大橋は清水寺への参詣道となっていたわけで、「清水寺橋」とも呼ばれていたそうです。現に、後白河天皇撰『梁塵《りょうじん》秘《ひ》抄《しょう》』には「何《いず》れか清水へ参る道、京極下り五条まで、石橋よ、東の橋詰四つ棟六波羅堂」と謡われているように、この橋を渡って清水寺へ参詣していたこと、さらに当時は石橋であったことが分かります。

お伽噺の世界では、大男・弁慶の

攻撃を五条大橋の欄干の上でヒラリヒラリと身をかわす牛若の姿の方が絵になったのでしょう。

五条天神社は下京区松原通西洞院通西入ルに鎮座し、平安京遷都に際して空海が大和国宇陀郡から天神《あまつかみ》を勧請したと伝えられる。もとは「天使の社」「天使社」と号していたが、後鳥羽天皇の時代に改称された。主祭神は少彦名命《すくなひこなのみこと》。

現在の五条大橋は、平安京以来の五条通が江戸時代になって松原通となり、六条坊門通が五条通となったのに伴い、六条坊門末橋が改称されたものである。豊臣秀吉が創建した方広寺（東山大仏）への参詣に便利なことから「大仏橋」とも称された。この橋を秀吉は東国に至る渋谷《しぶたに》街道への入り口とするとともに、伏見街道への入り口（京の七口のひとつ「伏見口」）ともした、欄干には正保二年（一六四五）の銘が刻まれた擬宝珠《ぎぼし》が付けられている。

郵便はがき

料金受取人払郵便

神田局
承認

3340

差出有効期限
平成30年8月
31日まで
（切手不要）

101-8791

535

千代田区外神田
二丁目十八―六

春秋社

愛読者カード係

＊お送りいただいた個人情報は、書籍の発送および小社のマーケティングに利用させていただきます。

(フリガナ) お名前	(男・女)	歳	ご職業
ご住所 〒			
E-mail		電話	

※新規注文書 ↓（本を新たに注文する場合のみご記入下さい。）

ご注文方法　□書店で受け取り　□直送（宅配便）※本代＋送料210円（一回につき）

書店名	地区	書名		冊
取次	この欄は小社で記入します			冊
				冊
				冊

ご購読ありがとうございます。このカードは、小社の今後の出版企画および読者の皆様とのご連絡に役立てたいと思いますので、ご記入の上お送り下さい。
ご希望の方には、月刊誌**「春秋」**（最新号）を差し上げます。　**＜ 要 ・ 不要 ＞**

〈本のタイトル〉※必ずご記入下さい

●お買い上げ書店名(　　　　地区　　　　　書店)

●本書に関するご感想、小社刊行物についてのご意見

※上記感想をホームページなどでご紹介させていただく場合があります。(諾・否)

●購読新聞	●本書を何でお知りになりましたか	●お買い求めになった動機
1. 朝日 2. 読売 3. 日経 4. 毎日 5. その他 (　　　　)	1. 書店で見て 2. 新聞の広告で (1)朝日 (2)読売 (3)日経 (4)その他 3. 書評で (　　　　紙・誌) 4. 人にすすめられて 5. その他	1. 著者のファン 2. テーマにひかれて 3. 装丁が良い 4. 帯の文章を読んで 5. その他 (　　　　)

●内 容	●定 価	●装 丁
□ 満足 □ 普通 □ 不満足	□ 安い □ 普通 □ 高い	□ 良い □ 普通 □ 悪い

●最近読んで面白かった本　(著者)　　　　(出版社)

(書名)

㈱春秋社 電話03・3255・9611 FAX03・3253・1384 振替 00180-6-24861
E-mail:aidokusha@shunjusha.co.jp

29 今様狂いの後白河天皇 三十三間堂

後白河天皇（一一二七〜九二年）は「今様狂い」といわれるほど、当時、大流行していた今様を愛好しました。彼は雅楽の歌物《うたいもの》である朗詠《ろうえい》（漢詩に雅楽の旋律をつけて独唱・斉唱する）や催馬楽《さいばら》（農民の土俗的な歌に雅楽の旋律をつけて独唱・斉唱する）よりも自由な表現ができる今様の魅力に夢中になっていたようです。その様子は自ら著した『梁塵秘抄《りょうじんひしょう》』に一〇歳ぐらいの頃から今様を愛好し、稽古に明け暮れた親王時代を振り返って、「昼は一日中謡い、夜は一晩謡い明かした。声が出なくなったことも三度あり、うち二度は喉が腫れて水も飲めないほどであった。母・待賢門院《たいけんもんいん》が亡くなって五〇日を過ぎた頃、兄・崇徳天皇と同居することになったが、大好きな今様はやめることができなかった。……鳥羽の離宮にいた頃は五〇日ほど、東三条殿では日の出まで四〇日、毎夜、今様を謡い続けた」と記しているように常軌を逸したものでした。父・鳥羽天皇は「天皇となる器ではない」、兄・崇徳天皇にも「能力がない」と酷評されるほど政治には無関心でしたが、在位はわずかに三年ながら、三四年もの長きにわたって院政を行い、政治の中枢に君臨しました。

しかし、権力を欲しいままにした後白河天皇にも、弱点が一つありました。それは、長年、

遊びをせんとや生まれけむ
戯れせんとや生まれけむ
遊ぶ子供の声きけば
我が身さえこそ動がるれ

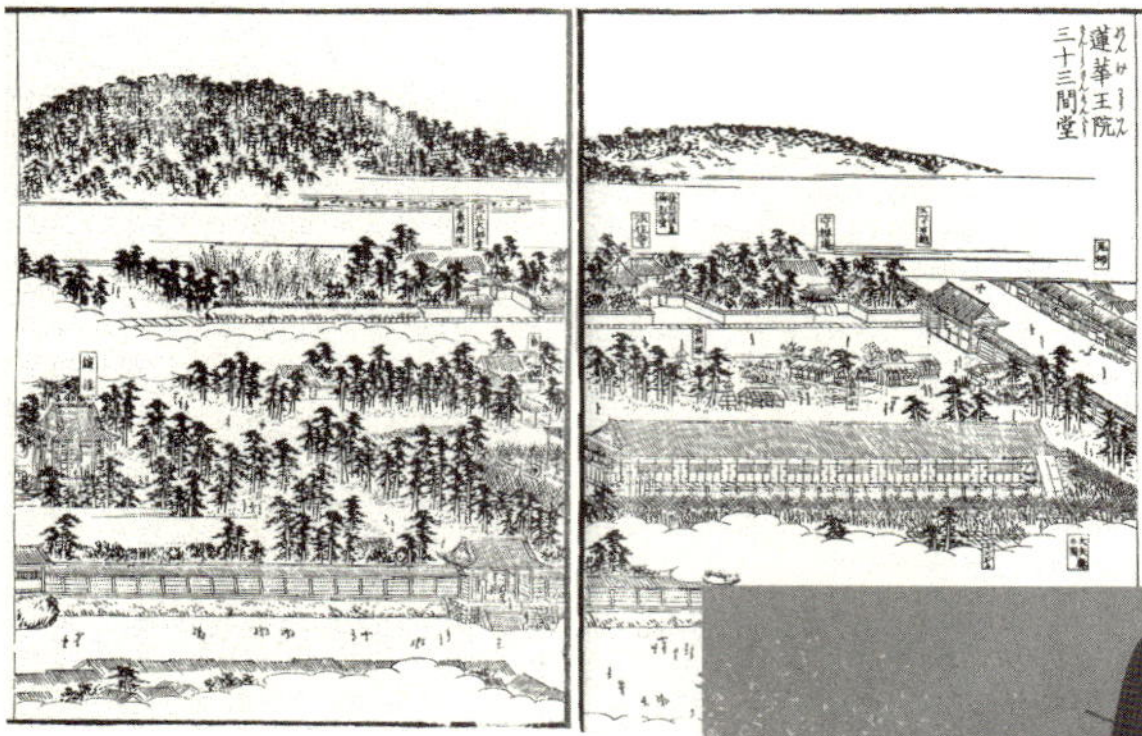

三十三間堂（『花洛名勝図会』）

頭痛に悩まされ続けていたことでした。熊野参詣の折りに頭痛平癒を祈願すると、熊野権現が現れ「洛陽因幡堂《いなばどう》の薬師如来に祈れ」と告げたのでした。都に戻り、早速、因幡堂（平等寺）に参籠《さんろう》すると、一人の僧が夢に現れ、「帝の前世は熊野の蓮華坊という僧侶で、仏道修行の功徳によって帝に生まれ変わった。しかし、その僧侶の髑髏《どくろ》が岩田川の底に沈んでいて、その目穴から柳が生え、風が吹くと髑髏が動くことから帝の頭が痛むのである」と告げました。岩田川（南紀を流れる川で、現

在は富田川《とんだ》（という）の川底を調べてみると、その通りの有様だったのです。

後白河天皇は平清盛に命じて、自らの離宮・法住寺殿のなかに千手観音を本尊とする仏堂を建立させ、髑髏を千手観音の中に納め、柳の木を梁《はり》に使用したところ、頭痛は治ったと伝えられています。この仏堂は柱間《はしらま》が三三あるところから「三十三間堂」とも呼ばれますが、正式には蓮華坊に由来して蓮華王院《れんげおういん》といいます。ちなみに、柳には鎮痛作用があるそうです。


三十三間堂は東山区三十三間堂廻町にあり、近世以来、妙法院の境外仏堂とされている。後白河天皇の勅願により平清盛が長寛二年（一一六四）に造進した。堂内中央には湛慶作の本尊・千手観音坐像が安置され、周囲には一〇〇一体の千手観音立像が取り巻き、堂内の左右の端には俵屋宗達の「風神雷神図屏風」のモデルとなったといわれる風神像・雷神像が安置されている。

後白河天皇の頭痛平癒の故事に倣い、一月中旬の日曜日には聖樹とされる楊柳（柳）の枝を用いて浄水で加持する「楊柳の御加持」という法要が行われる。同日、保元年間（一一五六～五八年）に起源をもつといわれる本堂での「通し矢」は有名である。

30 天台声明《しょうみょう》のメッカ

三千院

一九六五年、「京都大原　三千院　恋に疲れた　女が一人……」ではじまる『女ひとり』の大ヒットで、一躍、大原の里にある三千院は有名になりました。都会の喧噪から離れ、静けさを求めて多くの観光客が訪れるようになりましたが、それまでは観光とは無縁といってよいほど、のどかな田園風景が残る山里でした。三千院はもともと、比叡山上に築かれた一院で、その後、山麓・坂本（大津市）、京都市中と移転し、応仁の乱以後、大原の地に移されたという経緯があります。

平安時代前期、大原の里には慈覚大師円仁（七九四〜八六四年）によって中国山東省にある魚《ぎょ》山《ざん》より伝えられた声明の根本道場が開かれ、その後、融通念仏を広めた良忍（？〜一一三二年）によって声明は集大成されました。

声明は経文に節《ふし》（メロディー）をつけたアカペラの宗教音楽で、グレゴリオ聖歌よりも古く、古代インドの学問分野・五明《ごみょう》のひとつにあげられています。古代声明の聖地・魚山から伝来した大原流の声明は「魚山声明」とも称され、また、「天台声明」ともいわれ、ゆったりと唱えることから「ねむり節」ともいわれています。

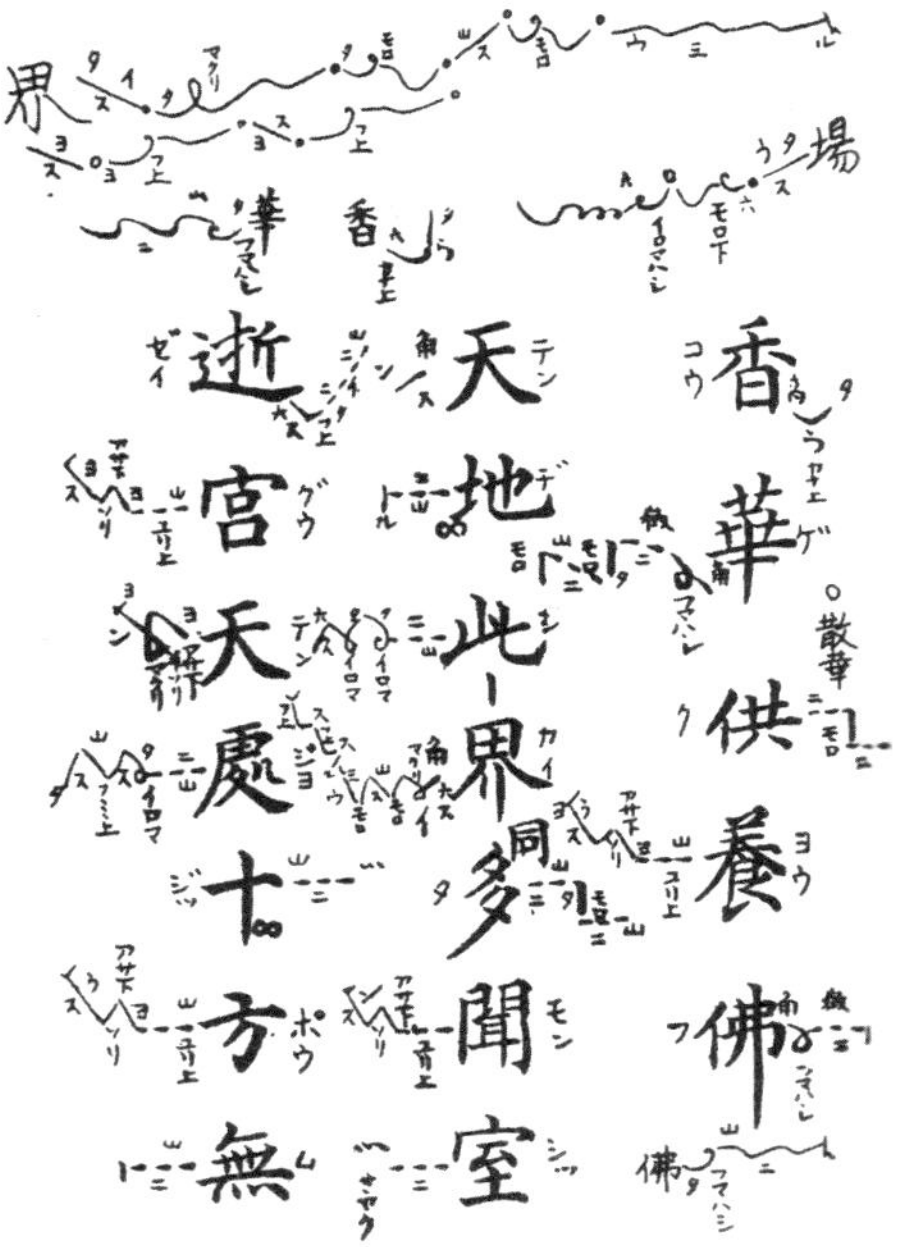

声明譜

声明や雅楽には「呂旋《りょせん》」と「律旋《りっせん》」という二つの音階がありますが、それにちなんで、現在、三千院の本堂とされている往生極楽院の南には呂川、北には律川と称するせせらぎがあります。とくに、小野山麓の律川上流を流れる滝の音は、良忍の唱える声明の声と同調して聞こえなくなったといわれ、「音無《おとなし》の滝」と名付けられたといいます。

音無の滝の存在は平安歌人のあいだでは広く知れ渡った存在で、清少納言は『枕草子』のなかで「滝は音無の滝」と記しているほか、西行法師は「小野山の　上より落る　滝の名は　音無にのみ　濡るる袖かな」、藤原俊忠も「恋ひわびて　ひとりふせやに　夜もすがら　落つる涙や　音無の滝」などの和歌を残しています。さらに、紫式部も「朝夕に　泣くねを立つる　小野山は　絶えぬ涙や　音無の滝」と詠んでいます。

静寂の中にゆったりと唱えられる声明の声は、祈りの世界に誘ってくれるものといえるでしょう。

三千院は左京区大原来迎院町にある天台宗門跡寺院。元は円融院《えんゆういん》、梨本坊《なしのもとぼう》ともいい、梶井門跡とも称した。本尊は薬師如来。延暦年間（七八二〜八〇五年）、最澄によって比叡山東塔南谷に建立されたのが始まりで、貞観二年（八六〇）に三千院円融坊と号するようになった。堀河天皇の皇子・最雲法親王（四九世天台座主）が一三世となって以来、江戸末期までは宮門跡が継承した。一一世紀末には滋賀県大津市坂本に、一三世紀半ばには京都・船岡山の山麓に移り、応仁の乱以後、大原の地へと移転した。

なお、現本堂・往生極楽院は、久安四年（一一四八）に高松中納言実衡《さねひら》の妻によって亡父菩提のために建立されたものである。円仁が伝えた天台声明（魚山流）を伝承し、統括している三千院では、毎年五月三〇日、宸殿において声明法要「御懺法講」が行われ、歴代天皇の追善供養がなされる。

31 建礼門院が偲ばれる尼寺

寂光院

平清盛（一一一八～八一年）は藤原摂関政治をまねて娘・徳子（後の建礼門院）を入内《じゅだい》させ、高倉天皇（一一六一～八一年）の外戚となる夢を実現しました。

彼女は見事に皇子（安徳天皇）を出産し、清盛は太政大臣に就き、「平家にあらずんば人にあらず」と豪語するほど権勢を誇りました。しかし、清盛の死後、源義経が大活躍した檀ノ浦の戦い（一一八五年）に敗れ、祖母・二位尼（平時子）は幼い安徳天皇（六歳）を抱いて入水し、ここに平家一門は滅亡しました。

徳子も後を追いましたが、源氏方に捉えられ、都へ引き戻されてしまいます。我が子も親兄弟も失った徳子の嘆き悲しみは、想像するに難《かた》くありません。彼女の選んだ道は、出家して平家一門と高倉・安徳両帝の菩提を弔うことしかありませんでした。

『平家物語』によると、吉田山にあった中納言法印慶恵《ぎょうえ》の僧房に仮寓し、文治元年（一一八五）五月一日、長楽寺阿証房《あしょうぼう》の印西《いんぜい》上人が戒師（戒を授ける師僧）となって出家しました。戒師への布施にも事欠き、泣く泣く安徳帝の形見の直衣《のうし》を納めたと記されています。

さて、徳子が都に近く、人目も憚られる吉田山の陋屋《ろうおく》を出て、大原の里にあった寂光院にた

大原女《おはらめ》（『京童』）

どり着いたのは、出家の年の晩秋のことであったといわれています。彼女の住まいはまことに慎ましやかで、寂光院の傍らに一間を寝所に、一間を仏間とした庵室《あんしつ》を結び、侍女・阿波内侍《あわのないし》とともに心静かに過ごしました。いかにも山深く、「岩根ふみ　たれかはとはん　ならの葉の　そよぐは鹿の　わたるなりけり（この山間の岩を踏んで、誰か尋ねてくるのだろうか。楢《なら》の落葉をカサカサとたてる音は鹿の通る音だった）」と詠むほど閑散とした佇まいだったようです。また、寂光院を訪れた建礼門院右京大夫（一一五七〜?年）は「仰ぎ見し　昔の雲の　上の月　かかる深山の　影ぞ悲しき（雲の上のような宮廷で見た中宮を、このような山里で見るのは悲しいことだ）」と詠み、徳子の境遇を悲しみました。

『平家物語』は「大原入」で寂光院入寺を記したあと、「大原御幸《ごこう》」「六道之沙汰」「女院死去」で完結しますが、「龍女が悟りを開いた例にならい、韋提希夫人《いだいけぶにん》のように、みなかねてから願っていた極楽浄土への往生をとげたということである」と結んでいます。

平家一門の栄枯盛衰を身をもって経験した徳子は、出家することによって極楽浄土に化生《けしょう》できた幸せな女性《にょしょう》であったともいえるのではないでしょうか。

寂光院は左京区大原草生町にある天台宗尼寺。承徳年間（一〇九七〜九八年）、良忍によって開創されたと伝えられるが、聖徳太子や空海ともいわれ、明らかではない。平安時代以降、衰退したが、淀君の本願により片桐且元が再興した。

胎内に小地蔵を納める本尊・地蔵菩薩立像は、平成一二年（二〇〇〇）に起きた本堂の火災によって焼損したが、胎内仏は火難を免れた。

其の五

都人の口《こう》福《ふく》

32 京の台所《だいどこ》

錦市場

大型スーパーマーケットの台頭で、昔ながらの商店街は姿を消しつつありますが、京都には錦小路市場という活気あふれる商店街があります。京都市中京区のほぼ中央に位置し、東西を貫く錦小路通り約三九〇メートル（道幅三・三メートル）の間に、一三〇ほどの店舗がひしめき合って軒を並べています。京都人は単に「にしき」と呼び、食材なら何でも揃うことから「京の台所」といわれています。

発祥は一七世紀初頭の魚市場開業で、ちょうどそのころ、全国各地に名産品が生まれ、京都でも聖護院蕪《かぶら》・賀茂茄子・海老芋・鹿ヶ谷南瓜《かぼちゃ》・水菜・堀川牛蒡《ごぼう》などの京野菜が誕生し、青物も商われるようになりました。

このような経緯から、現在でも鮮魚店が多いのですが、塩干物を扱う専門店も少なくありません。古来、海から遠い都の食卓に新鮮な魚は届きづらく、一工夫してもたらされたことによるものです。たとえば、若狭（現・福井県）の海で獲れたぐじ（甘鯛）や鰈《かれい》は一塩して運ばれ、「若狭ぐじ」、「若狭鰈」と称し、高級食材として珍重されました。また、松前（現・北海道）から乾燥して届けられた「棒鱈《ぼうだら》」は海老芋と一緒に煮た「芋棒」、「身欠き鰊《にしん》」は茄子の組み合わ

京野菜

せた「鰊茄子」と呼ぶ煮物となりました。このように異なる名産品が京都で出会い、みごとなコラボレーションを果たしたことから「出会いもの」と呼び、京都独特の料理を誕生させたのです。

かの滝沢馬琴は生涯一度きりの京坂旅行記『羇旅漫録《きりょまんろく》』（一八〇三年刊）の中で、鮮度の落ちた「京都の魚類は、江戸っ子の口には合わない」と酷評しますが、地下水を活用した「豆腐、麩、湯葉は美味しい」と絶賛しています。豆腐や麩、湯葉は精進料理にも大いに活用される食材で、この市場には乾燥させたもののほか、細工を凝らした生麩・生湯葉を扱う店舗があります。

このほか、京野菜はもちろんのこと、「千枚漬」や「柴漬け」などの京漬物、浜焼き鯖《さば》、琵琶湖産の淡水魚、蒲鉾《かまぼこ》、豆腐、佃煮、卵、天ぷら（白身魚のすり身を油で揚げたもの）など京都ならではの食材も多くみられ、それらを用いたおばんざい屋なども店を構えています。

錦市場は業務用の食材を仕入れる割烹、料亭、旅館など料理人にも愛されているほか、近年は、国内外を問わず、観光スポットにもなっています。スーパーマーケットにはない、売り手と買い手の対話が楽しい、昭和の風情を残した市場です。

平安時代、錦小路は「具足《ぐそく》小路（甲冑などを製作、販売していたことによる）」が訛って「糞《くそ》小路」と称されていた。貴族文化が栄えた平安京の通り名としては、似つかわしくないということから、天皇の命によって美しい響きの「錦小路」と改められた。

近年、富みに注目されている絵師・伊藤若冲（一七一六～一八〇〇年）は錦小路高倉角にあった青物問屋「枡源」の主人でもあり、野菜や魚をモチーフにして「果蔬《かそ》涅槃図」や「隠元豆玉蜀黍図《いんげんまめとうもろこしず》」「群魚図」などを描き、その大胆・奇抜な構図は、後世、「奇想の絵師」と称された。生誕三〇〇年を迎えた二〇一六年には、旧邸に石碑が設置された。

品質を維持するためにも京都府内の商店街で初めて「錦市場」の商標登録を取得している。

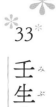

33 壬生菜《みぶな》の里

壬生寺

近年、野菜栽培は季節感あふれる露地物《ろじもの》のほか、ハウス物、水耕栽培、果ては土を必要としない「野菜工場」まで出現しています。京野菜のひとつ「水菜」について『雍州府志』（元浅野家に仕えた儒医で歴史家の、黒川道祐によって著された山城国最初の総合的地誌。一六八四年成立）には、「水菜は東寺・九条のあたりで栽培されている。もとは、肥料を用いないで流水を畦《あぜ》の間に引き入れて作られていたことから「水入れ菜」と称した」と記され、洛南の東寺や九条近辺で栽培され、水菜の由来は、肥料を用いず、畑の畦のあいだに水を引いて栽培していたことによっています。いわば水耕栽培のはしりです。

現在、葉がギザギザしているのが「水菜」、細長くヘラのような形状のものは「壬生菜」と区別されていますが、江戸時代には明確な区別はなかったようです。たとえば、『拾遺都名所図会』には水菜を収穫し、川で洗っている農民の姿が描かれ、画中の文に「水菜は京都の名産である。とりわけ洛西、壬生の地のものは美味で、株も小さく、茎が細い。このことから千筋《せんすじ》蝉菜《せみな》という異名もある。一説には水菜ではなく、壬生菜であるともいわれる」とあり、壬生で採れた水菜を壬生菜と呼んだとも解釈できそうな表現です。さらに、採りたての壬生菜を土の

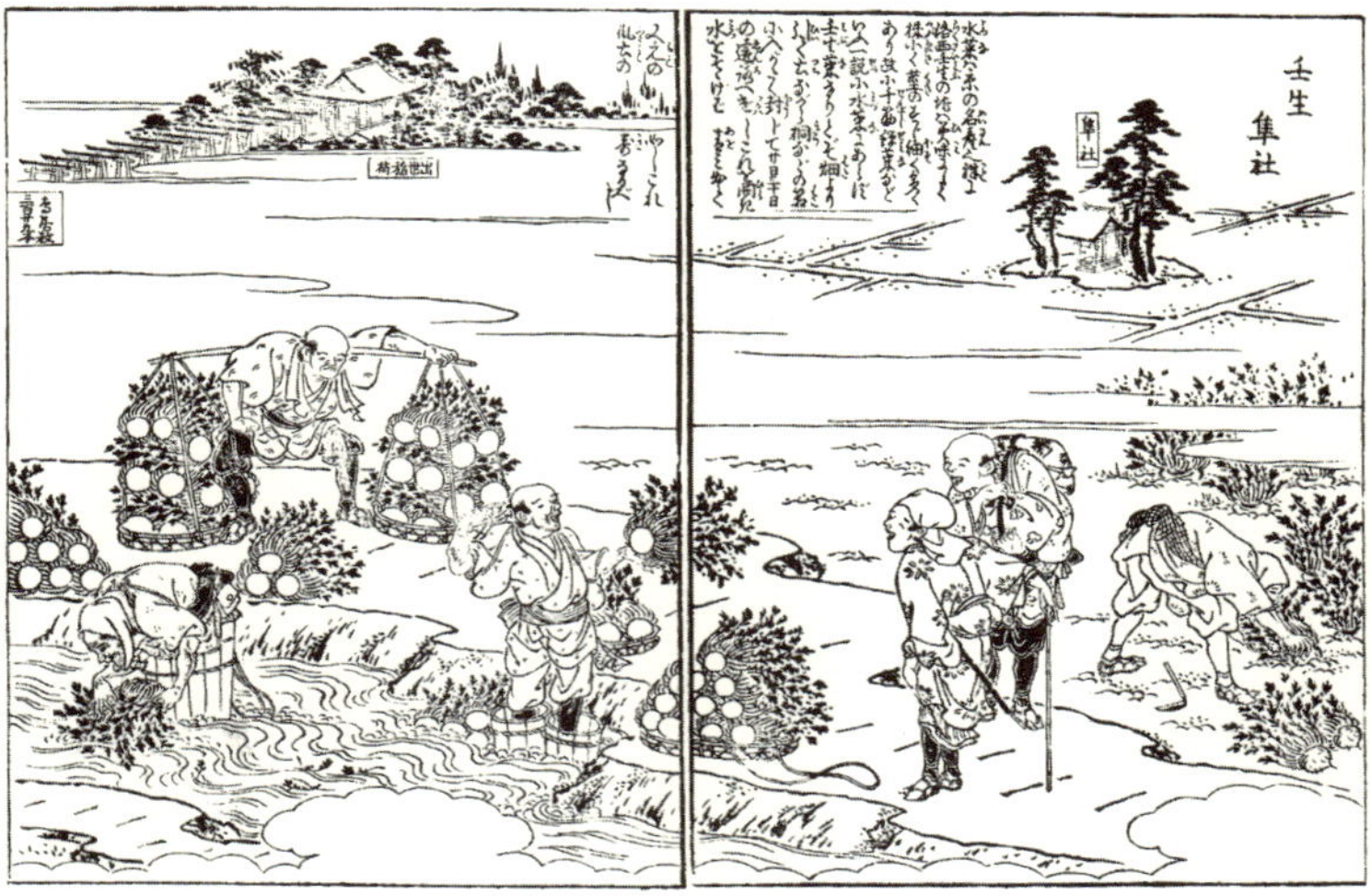

壬生菜を洗う農民（『拾遺都名所図会』）

ついたまま箱に入れ、密封すると、二〇から三〇日かけて遠隔地に送っても、水洗いすれば生き生きとした水菜に戻るとも記しています。

また、『東海道膝栗毛』の弥次さん・喜多さんも水菜を食しましたが、東寺あたりで収穫したものであったため東寺菜と呼ばれたと述べています。十返舎一九も、京料理に批判的な滝沢馬琴も「壬生の菜は京の名産」と記すほどですから、よほど気に入ったのでしょう。

この壬生という地において、文久三年（一八六三）三月、新撰組が結成され、壬生菜の里は一躍、有名になりました。壬生寺東門前にあった八木邸、前川邸、南部邸が屯所として定められ、境内は兵法調練場として使用されたそうです。また、境内東方にある池にある壬生塚と呼ばれる中の島、近藤勇の胸像と遺髪塔、新選組屯所で暗殺された隊士・芹沢鴨ら隊士七名の合祀墓など新撰組にまつわる遺跡があります。芹沢鴨らが暗殺された八木邸は一般公開されています。

壬生寺は中京区坊城通仏光寺上ル壬生梛《なぎ》ノ宮町にある律宗寺院で、唐招提寺に属している。正暦二年（九九一）、三井寺の快賢僧都によって開創され、定朝《じょうちょう》作の地蔵菩薩を本尊としたと伝えられている。昭和三七年（一九六二）の火災により本堂および本尊も焼失し、現本尊の延命地蔵菩薩立像（重要文化財）は、昭和四五年（一九七〇）に唐招提寺から運ばれたものである。このほか、五仏錫杖《しゃくじょう》頭、列仙図屏風（長谷川等伯筆）など重要文化財の寺宝がある。

　さらに、中興開山円覚上人（一二二三～一三一一年）が広めた大念仏に由来する無言宗教劇「壬生狂言」は、「壬生のカンデンデン」と称して親しまれている。現在は、節分（前日と当日の二日間）・春（ゴールデンウィークの七日間）・秋（体育の日を含む三日間）の三回、大念仏堂において定期公開されている。新撰組局長・近藤勇も壬生狂言を楽しんだとの逸話が残されている。

34 京の三名水

京の都は賀茂川と桂川のほかに、実は大きな水源を持っています。関西の水瓶ともいわれる琵琶湖はいうまでもありませんが、地下深くに眠る地下水の存在です。

京都盆地は南を除く三方が山に囲まれ、北から南へと傾斜し、南北の標高差は約五〇メートルにもなっています。この特異な地形は山々からの湧き水、雪解け水、地下水などを地下深くに溜め込む自然の要塞となり、ある研究機関の調査によると、琵琶湖に匹敵するほどの水量を蓄えているとのことです。そして、水の出口は天王山（大山崎町）と男山（八幡市）の間の一ヶ所だけで、大正末期には大山崎の地にウィスキー蒸留所が建設され、この良質の水を利用して国産初のウィスキーが誕生しました。

大きな水瓶ともいえる地下から湧き出る水は軟水で、京都のそこかしこに名水が存在しています。なかでも、有名なのが「染井《そめい》」・「佐女牛井《さめがい》」・「県井《あがたい》」の「三名水」といわれています。

「染井」は現在、梨木神社（6項参照）境内にありますが、この地は九世紀後半、藤原良房の娘・明子《あきらけいこ》の里邸「染殿」（9項参照）があったところで、その邸内にあったものです。「三名水」のうち、唯一、今日もコンコンと湧き続けています。今日、染井の水はポンプで汲み上げ

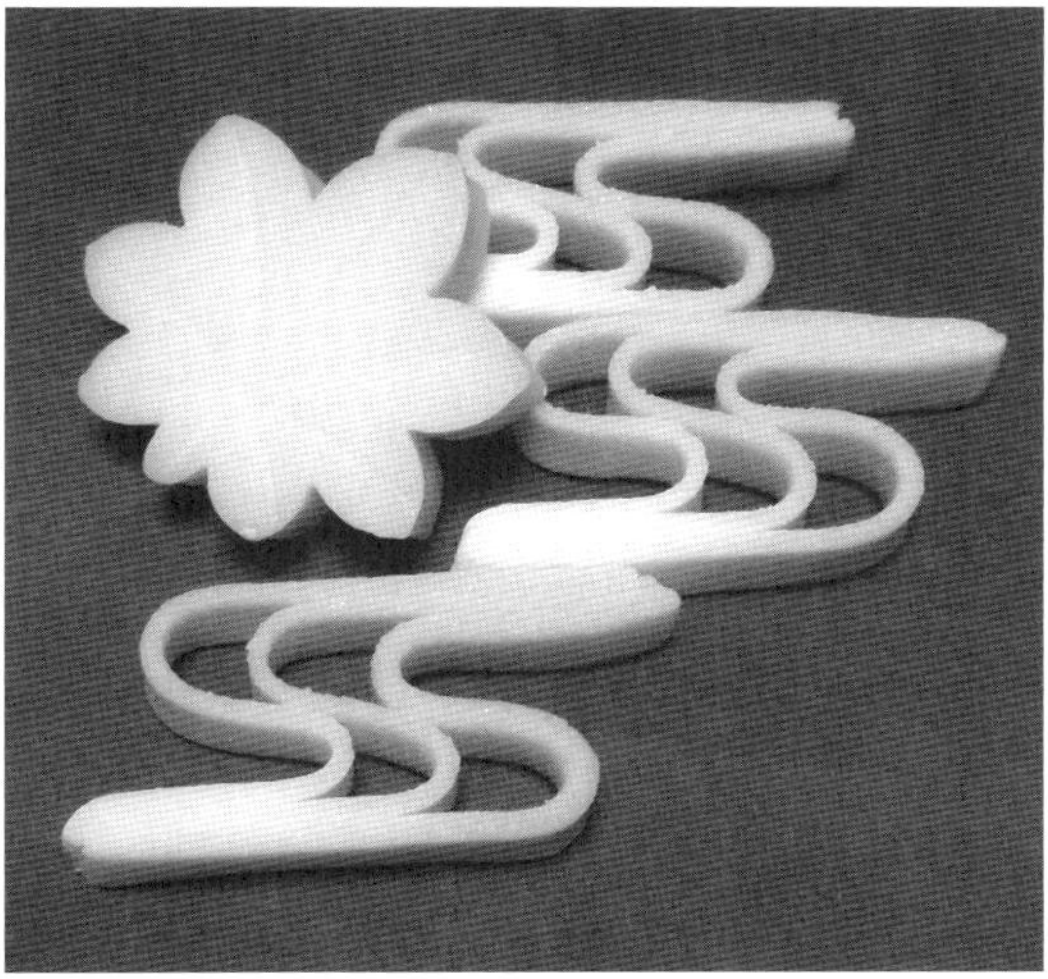

流水と青紅葉の干菓子（京都・亀廣脇）

られており、だれでも飲用することができます。

一方、「佐女牛井」は第二次世界大戦中の昭和二〇年（一九四五）、空襲に備えての民家の強制疎開と堀川通の拡幅工事の際、撤去されてしまいました。もとは、源頼義（九八八～一〇七五年）が築いた六条堀川邸内にあったと伝えられ、侘茶《わびちゃ》の祖・村田珠光《じゅこう》（一四二三～一五〇二年）も千利休（侘茶の完成者。一五二二～九一年）も、この名水を好んで用いたと伝えられています。さらに、京都御苑西北の隅にあった「県井」も、今は涸れてしまっていますが、中立売御門北側の一条邸にあった名水です。この屋敷で誕生し、明治天皇の皇后となった一条美子《はるこ》（一八四九～一九一四年。後の照憲皇太后）の産湯にも用いられたといわれています。今でも遺構だけは残されていますが、後鳥羽天皇（一一八〇～一二三九年）が「蛙《かえる》鳴く　県の井戸に　春暮れて　咲くやしぬらん　山吹の花」と詠んでいることから、この井戸の周辺には春ともなれば山吹の花が咲いていたようです。

洛外では伏見にも、宇治にも「八名水」「七名水」と称される名水があり、銘酒の醸造や茶の湯にも活用され、京の食文化の一翼を担っていたといえるでしょう。

＊名水めぐり

伏見の八名水	閼伽水《あかすい》（長建寺）、白菊水（鳥せい本店横）、不二《ふに》の水（藤森神社）、石井の御香水《ごこうすい》（御香宮神社）、さかみず（月桂冠大倉記念館）、清和の井（清和荘）、菊水若水（城南宮）、伏水《ふしみず》（黄桜カッパカンパニー）
宇治の七名水	桐原水《きりはらすい》（宇治上神社）、泉殿（ＪＲ宇治駅北）、阿弥陀水（平等院）、法華水（平等院）、高浄水《こうじょうすい》（左府池跡）、公文水《くもんすい》（橋姫神社付近）、百夜月井《ももよづきい》（宇治橋通商店街）の七つをいうが、現存するのは桐原水だけである。

35 お酒の神様

松尾大社

洛南・伏見は酒蔵の町としても有名ですが、この地域が一躍、脚光を浴びるようになったのは豊臣秀吉の伏見城築城（一五九二年）からで、江戸時代に入ると水陸交通の要衝として発展しました。

今日のように伏見の酒造りが全国的に有名になったのは、明治時代後半であるといわれ、まろやかな優しい味わいのある酒は「女酒」ともいわれています。現在、京都市内にある二八軒の蔵元のほとんどは、「伏見の八名水」に代表される酒造りに適した上質の水に恵まれた伏見に集中しています。

さて、日本における酒造りのはじめは、『古事記』には応神天皇の時代に秦氏《はたうじ》の祖である須々許理《すすりこ》が百済より来朝して、酒造技術を伝えたことによると記されています。また、彼らは灌漑や養蚕、機織りにも高度な技術を持ち、『日本書紀』には雄略天皇の時代に秦氏の首長・秦酒公《はたのさかきみ》が天皇に上質の絹をうず高く積んで献上したことから、「禹豆麻佐《うづまさ》」の姓を下賜されたと記しています。このことから、彼らが本拠地とした京都盆地の東・葛野《かどの》地域を「太秦」の字を当てて「うずまさ」と呼ぶようになったのでした。

酒盃

その太秦に近い嵐山に、彼らが氏神として信仰した松尾《まつのお》大社があります。創建は大宝元年（七〇一）で、平安京遷都後は王城鎮護の神とされ、東の賀茂社（上賀茂神社・下鴨神社）とともに「東の厳神、西の猛霊」と並び称されました。『枕草子』にも「神は　松の尾」として、一番にあげられているほどで、一条天皇の行幸があった様子も描かれています。

中世以降、酒造技術に優れた秦氏の氏神に由来してのことでしょうか、酒造業者から酒造りの神として信仰を集めるようになりました。貞享元年（一六八四）に成立した『雍州府志』には「縁起によると、松尾社の神徳は弓矢神・社稷《しゃしょく》神・寿命神・酒徳神である。酒の醸造者は酒福神として崇敬している」と記されているほか、狂言『福の神』には「松尾の神は、神々の酒奉行である」と謡われています。酒造業者たちのあいだでは、社殿背後にある「亀の井」の霊泉を仕込み水に使用すると醸造に失敗しないといわれています。高度な発酵技術を要する酒造に携わる人々にとって、一年に一度の新酒の仕込みに際して、細心の注意が払われていたことを物語る慣習ですね。

ちなみに、「亀の井」の名称は松尾神が丹波地方を開拓するにあたって、急流は鯉、緩流は亀に乗って大堰川を遡ったといわれる伝承から、鯉と亀が神の使いとされたことによるのです。

松尾大社は西京区嵐山宮町に鎮座する延喜式内社。元は松尾山（標高二二三メートル）山頂の磐座《いわくら》で祭祀が行われたといわれるが、大宝元年（七〇一）、勅命によって秦忌寸都理《はたのいみきとり》が現在の地に社殿を造営した。祭神は大山咋神《おおやまぐいのかみ》、中津島姫命《なかつしまひめのみこと》。重要文化財に指定されている男神像二躯と女神像三躯は神像彫刻史上で現存最古であるとともに、平安時代前期の萎装束《なえしょうぞく》の様子を伝える貴重な資料である。

五月に行われる松尾祭の還幸祭《かんこうさい》（おかえり）には、社殿をはじめ供奉《ぐぶ》者にいたるまで、洛北の賀茂祭と同様、葵鬘《あおいかづら》を飾ることから「葵祭」とも呼ばれている。

36

湯豆腐が美味しい南禅寺界隈

南禅寺

豆腐は奈良時代、遣唐使によって中国から伝えられたようですが、文献上、確認できるのは一二世紀で「唐府《とうふ》」と記されました。江戸時代になって庶民の食べ物となりましたが、それ以前は動物性タンパク質を用いない精進料理の食材として珍重されていました。

お寺の町・京都の豆腐はやわらかく、江戸時代には京北今宮（現・京都市北区紫野にある今宮神社）の門前で売られた「今宮の砂田楽」、祇園・二軒茶屋の「祇園豆腐」が有名になっていました。「祇園豆腐」については『雍州府志』に「豆腐を竹串に刺して味噌や味噌汁をつけて焼いた田楽は絶品である」と記され、地唄『京の四季』にも「二本ざしでも軟《やわら》かう、祇園豆腐の二軒茶屋」と謡われました。

さて、天明二年（一七八二）、豆腐料理ばかりを一〇〇種を集めたレシピ本『豆腐百珍』が刊行されました。この中では豆腐料理を五段階にランク付けし、田楽豆腐は尋常品、つまり、どこの家庭でも作られる料理ということになっています。もっとも美味であるとされた絶品のひとつは「湯豆腐（湯奴ともいった）」でした。

今では、嵐山や清水寺付近にも湯豆腐店がありますが、元祖ともいえるのが南禅寺門前の湯

南禅寺前　湯豆腐（『都林泉名勝図会』）

豆腐店です。

南禅寺といえば、歌舞伎『楼門五三桐《さんもんごさんのきり》』で石川五右衛門の「絶景かな、絶景かな……」のセリフで有名な三門がありますが、その外に江戸時代以来の湯豆腐店が現存しています。寛政一一年（一七九九）に刊行された『都林泉名勝図会』には、「名物　南禅寺前　湯蕍腐《ゆどうふ》店」として丹後屋を紹介しています。店頭を行き交う参詣者に向かって客引きをする女子衆《おなごし》、店内には湯豆腐に舌鼓を打つ客たちを描いています。著者で俳諧師の秋里籬島《あきざとりとう》（江戸中・後期の読本作者）は「取りかへて　ちいさき猪口《ちょく》に　何膳《なんぜん》じ　喰てもおぼろの空《あき》ねない店」と、いくら食べても飽きないとの画賛を添えています。

また、『花洛名勝図会』にも「丹後屋の湯豆腐は、いにしえよりの名物にして旅人かならずこれを賞味し……」と記され、江戸から長崎まで旅をした大田蜀山人（狂歌師・戯作者。一七四九～一八二三年）も京名物にあげるほどになりました。さらに江戸びいきの滝沢馬琴も認める美味しさでした（32項参照）。

南禅寺は左京区南禅寺福地町にある臨済宗南禅寺派大本山で、正式には瑞龍山太平興国南禅禅寺《ずいりゅうさんたいへいこうこくなんぜんぜんじ》という。本尊は釈迦如来。臨済宗に帰依した亀山天皇が文永元年（一二六四）に東山山麓に建てた離宮を禅寺に改め、禅林寺としたのが始まりで、正応四年（一二九一）、東福寺三世無関普門《むかんふもん》を招いて開山とした。日本最初の勅願寺で、室町時代には臨済宗の京都五山、鎌倉五山の上に「別格」として格付けされたが、応仁元年（一四六七）、応仁の乱によって伽藍は灰燼に帰した。その後、江戸時代に入って「黒衣《こくえ》の宰相」と称された以心崇伝《いしんすうでん》（一五六九～一六三三年）が徳川家康の側近となったことで復興した。

小方丈の障壁画は狩野探幽作と伝えられ、枯山水の庭園は小堀遠州作といわれ「虎の子渡しの庭」と通称されている。また、明治維新後、境内を琵琶湖疏水が通り、その際、建設された水路閣はテレビドラマにも登場し、京都の風景として定着している。

37 宇治の地に誕生した中国風禅寺

萬福寺

江戸時代、日本仏教の停滞は著しく、栄西と道元によってもたらされた禅宗は衰退を極めるようになってしまいました。

この窮地を救ったのが、中国福建省の黄檗山万福寺の住職であった隠元《いんげん》禅師（一五九二～一六七三年）でした。禅宗復興のために六三歳の高齢をおして数十名の弟子を伴って来朝し、のちに帰化して、寛文元年（一六六一）には京都宇治に明国と同じ黄檗山万福寺を創建しました。伽藍の配置はすべてが中国様式で、建築物はチーク材を用いて建設され、「卍くずし」のデザインによる高欄《こうらん》、アーチ形の「黄檗天井」、「桃符《とうふ》」と呼ぶ扉の飾り、円形の窓など、見慣れぬ景色の禅寺が誕生しました。この様子を俳人田上菊舎は「山門を　出れば日本ぞ　茶摘み唄」と詠んでいるほど、異国の風景だったことがうかがえます。

さて、隠元禅師は「普茶《ふちゃ》料理」と呼ぶ新しい精進料理を日本に伝えました。食材は従来のものと同様、動物性食品を除く穀類・豆類・野菜類（ニンニクやネギ類は含まない）・海草類などですが、炒め煮や揚げ物など油脂の利用、葛《くず》を活用して「とろみ」をつけるといった中国風調理技術の新風をもたらしたのです。

普茶料理（『普茶料理抄』）

普茶料理はすべて中国語で表現され、数人が一つのテーブル（長方形の座卓）を囲み、大皿や大鉢に盛りつけられた料理を各自、単瓢《たんぴょう》（ちりれんげのこと）で取り分けるという食事形態をとっています。肉や魚は使っていませんが、まるで中華料理と同じですね。普茶料理の一例を紹介しましょう。

今日では精進料理を代表する存在となっている「胡麻豆腐」は、元は白胡麻と葛粉で作った「蔴腐《まふ》」あるいは「麻豆腐《まどうふ》」という普茶料理の一品でした。「蔴」や「麻」は胡麻のことを示し、「腐」は液状のものが固まった柔らかいものという意味があります。豆腐も摺りつぶした大豆を液状の豆乳にして固めるのですから、漢字の意味に適った命名といえるでしょう。さらに、野菜の炒め物を葛でとじたものを雲片《うんぺい》といいますが、「八宝菜」もその一種で、もとは残り物の野菜などを用いて調理したものです。日本の寺院建築と一線を画した萬福寺の伽藍と周辺にある普茶料理専門店で、中華風精進料理を味わってみるのも一興でしょう。

萬福寺は宇治市五ヶ庄三番割にある黄檗宗の大本山。伽藍は西を正面として、左右対称に配置されている。本堂に当たる大雄宝殿には本尊は釈迦如来、脇侍として阿難《あなん》と迦葉《かしょう》、十八羅漢が安置されている。大雄宝殿の手前にある天王殿には弥勒菩薩の化身といわれる布袋像、四天王像、韋駄天像が安置されているが、明の仏師・范道生の作で中国風の様式で造られている。さらに、食堂《じきどう》に相当する斎堂《さいどう》前には、木魚の原型といわれる大きな魚の形をした開梆《かいばん》があり、これを叩いて法要や食事の時間を知らせる。建造物二三棟が重要文化財。

38 建仁寺

都で始まった茶を喫する習慣

現在、茶カテキンが生活習慣病予防やダイエット効果もあることが解明され、今や緑茶は注目される飲料となっています。

さて、茶の故郷は中国雲南省からインドのアッサム地方にかけてといわれ、茶を最初に日本に持ち帰ったのは唐の国に留学した天台宗の開祖・最澄でしたが、栽培には至りませんでした。その後、二度も宋に渡った栄西は、かの地で僧院を中心として喫茶の習慣が根付いてる様子を目の当たりにしました。宋では茶の効用によって心臓病もなく長命を保つ人々が多かったことから、師は茶の実を携えて帰国しました。

帰国後、栄西は佐賀県の背振《せぶり》山麓に茶の実を播いて、本格的な栽培を始めるとともに『喫茶養生記』(一二三〇年成立)を著し、冒頭に「茶は健康増進に不思議な効用のある薬である。寿命を長く保つためには茶を喫することが第一である」と記し、多く古典を引用して覚醒作用、皮膚病予防、消化促進、脚気治癒など具体的な効能を示して、喫茶習慣の普及に努めました。

栄西が説いた茶の効用は次第に理解され、鎌倉時代には禅宗寺院を中心として喫茶習慣が定着し、一五世紀はじめには一般庶民にもその習慣は広まり、社寺の門前では「一服一銭《いっぷくいっせん》」と称

江戸時代中期　瀬戸天目茶碗（京都・永山堂）

する茶を点《た》てて売り歩く商売もみられるようになりました。そして、天正一五年（一五八七）一〇月、秀吉によって身分不問の大イベント「北野大茶湯」が開催されたのでした。秀吉は自慢の「黄金《きがね》の茶室」を持ち込み、「似たり茄子（茶入）」など名物道具は見やすいようにと北野天満宮の拝殿に飾って参会者に観覧させ、クジ引きで秀吉と千利休・津田宗及・今井宗久が点前《てまえ》をする四茶席のうち一席で茶を喫することができるという趣向でした。このような特典が功を奏したのか、参会者は総勢一〇〇〇人にも達したと伝えられています。

さて、栄西が創建した建仁寺では、今も当時が偲ばれる「四《よ》つ頭《がしら》の茶礼《されい》」（四名の頭人（正客）に八名の相伴客が連なるとこからこのように称される）という行事が四月二〇日の開山忌に行われています。現在では畳の上に正座する座礼《ざれい》が一般的ですが、室町時代あたりまでの喫茶のマナーは「唐礼」という立礼《りゅうれい》であったことを伝えるものです。境内を巡ってみると、さすが茶祖の開いた禅寺だけあって、生け垣は茶の木で造られ、一〇月に入ると白い可憐な花を咲かせ、参詣者の目を楽しませてくれます。最近、ペットボトルのお茶が広く流通したためか、急須《きゅうす》でお茶を入れることが少なくなっているといわれますが、急須で入れた真のお茶の美味しさを忘れてはいけませんね。

建仁寺は東山区大和大路四条下ル小松町にある臨済宗建仁寺派大本山。本尊は釈迦如来。源頼家（一一八二～一二〇四年。源頼朝の長子で、母は北条政子。鎌倉幕府第二代将軍）の庇護を受けて建立され、土御門天皇（一一九五～一二三一年）によって勅願寺とされ、建立された元号によって「建仁寺」の寺号が与えられた。創建当初は禅思想の拡大を阻止したい比叡山の動勢を鑑み、天台・真言・禅の三宗兼学の寺院であった。その後、一〇世円爾弁円《えんにべんえん》（一二〇二～一二八〇年。鎌倉寿福寺の住職も歴任し、のちに東福寺の開山ともなる）、一一世蘭渓道隆《らんけいどうりゅう》を経て、禅寺として確立した。寺宝に俵屋宗達の「風神雷神図」、海北友松《かいほうゆうしょう》の襖絵などがある。

39 粽《ちまき》で語る京菓子

京都御所・道喜門

京都の和菓子、つまり「京菓子」はお菓子の宝石箱といえる存在でしょう。その背景には、古来、京都府北部丹波地方において小豆生産が行われていたことがあります。丹波産大納言小豆は最高級品といわれ、粒の大きい順に大納言・中納言・小納言と呼んで区別されています。それらは、茹でて漉《こ》し、皮を取り去った後、砂糖を混ぜて煮て練った「こし餡《あん》」や、茹でて、粒のまま、皮を取り去らずに砂糖を混ぜ練った「つぶ餡」に加工され、和菓子のもっとも重要な材料となりました。

京都の和菓子は宮中や公家・寺社・茶家などの要望に応えて、趣向を凝らして製され「上菓子《じょうがし》」と、日常、口にする「おまん」（饅頭のこと）「団子」「餅菓子」などに大別されています。作り手のことを前者は「菓子匠」「御菓子司」、後者は「おまんやさん」「だんごやさん」などと呼んでいます。

さて、団子の範疇に入るものに粽《ちまき》がありますが、京都には、粽で有名な「川端道喜《かわばたどうき》」という菓子匠があります。

粽は中国の「屈原《くつげん》の故事」によると、竹筒に米を入れて作ったとあり、「端午《たんご》の節句」の風習とともに伝わった食べ物です。一〇世紀中期に成立した日本初の漢和辞典『倭名類聚抄《わみょうるいじゅうしょう》』（源　順《みなもとのしたごう》撰）には、「糯米《もちごめ》を菰葉《まこもは》で包み、灰汁《あく》で煮込む。五月五日に食する」と記され、当初は菰葉で包まれていたようです。しかし、川端道喜の粽は『守貞漫稿』（喜田川守貞が近世風俗を記した随筆。一八五三年完成）に、「京都に菰粽の道喜という菓子職人がおり、その粽は砂糖入りの菰粽である。図に示しているように串がない。笹の葉で包んで蒸してある。名付けて道喜《どうきの》粽《ちまき》といい、朝廷へも調進している」と記されているように、砂糖の流通が一般化した江戸末期の粽は笹の葉で包んだ蒸した砂糖入り粽となり、「道喜粽」は朝廷へも献上されました。現在の「道喜粽」は葛製ですが、形状は江戸時代を踏襲しています。

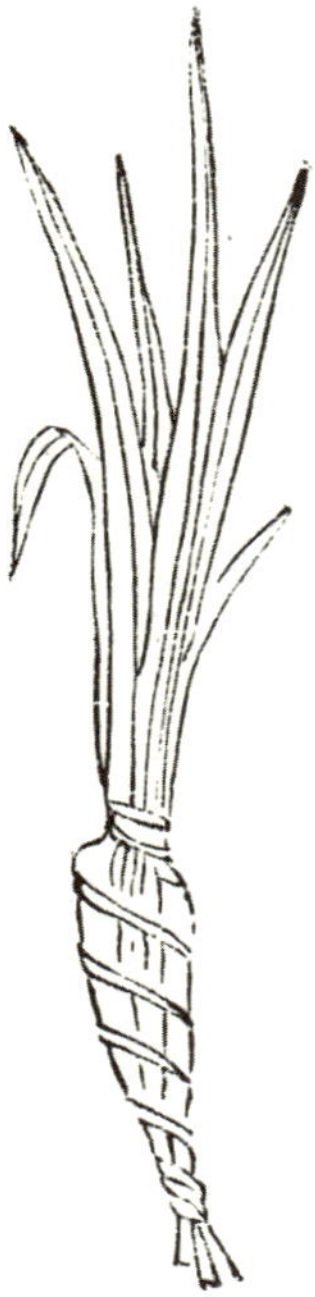

道喜の粽（『守真漫稿』）

また、戦国時代以降、財政難となった朝廷は天皇の食事にも難渋するようになり、毎朝、道喜から献上された塩餡を包んだ餅を「お朝物」と称して朝食としていたそうです。この習わしは東京遷都まで続き、京都御所には、建礼門の東横に現存する「道喜門」という名の専用門を通って行われたそうです。

京菓子は茶人だけでなく、平安時代以来の年中行事を継承してきた朝廷や公家によって育まれてきたといえるでしょう。

端午の節句の「端」とは「初め」の義で、月の初めの午の日を端午といい、現在、五月五日となっているが、五月に限定されたものではなかった。中国伝来の行事で、百草を踏み闘わせる遊びや蓬でつくった人形を門戸にかけて毒気を祓った。日本では独特の香気がある菖蒲が珍重され、平安時代後期には屋根に菖蒲を葺くことが盛んに行われ、菖蒲酒を飲用する習慣も生まれた。

この日には、粽のほか柏餅《かしわもち》も供されるが、柏は新芽が出るまで古い葉が落ちないことから「家系が途切れない」との縁起を担ぎ、上新粉でつくった餅に小豆餡や味噌餡を挟んで、柏の葉で包んだ子孫繁栄を願ったお菓子である。味噌餡は葉の裏、小豆餡《あん》は葉の表を出して包むことで区別する。

其の六

都人の信仰を垣間見る

40 京の町娘、清水の舞台から飛びおりる

清水寺

京都観光の筆頭にあげられる清水寺は、『枕草子』に「騒がしいもの。炭火のはねる火の粉。……一八日、清水寺が参詣者で混み合っている時」と記されているように平安の昔から賑わっていました。とくに、毎月一八日の縁日には大勢の参詣者が訪れ、本尊・千手観音の除病延命・増益の霊験を授かろうと祈りを捧げました。

さて、江戸時代中頃になると現世利益を願う信仰心は、京の町を一望できる「清水の舞台」から飛び降りる「飛び落ち」というかたちで大ブレークするようになりました。舞台は断崖の上にあり、通称「地獄止め」といわれる一三九本の組木が縦横に組み合わされた懸崖《けんがい》造という構造で建設されています。その高さは約一二メートルほどあり、四階建ビルに相当するといわれていますから、飛び落ちには相当の覚悟が必要だったといえます。この行為は明治五年(一八七二)の太政官布告による禁止令が出るまで続きましたが、初の飛び降ち者は『今昔物語集』によると検非違使・忠明という人物です。彼は数名の無頼の者に追いつめられた末「観音、助けたまへ」と叫んで飛びおりたところ、観音様のご利益によって難を逃れ、一命も取り留めたと記されています。

鈴木春信「清水舞台より飛ぶ女」

どれだけの人が「飛び落ち」たのでしょうか。清水寺塔頭《たっちゅう》の成就院に残された『成就院日記』には、元禄七年（一六九四）から元治元年（一八六四）までの記録があり、一二歳から八〇歳代までの男女、合計二三四人が飛び落ち、八五パーセントは無事、地上に到達したと伝えています。なかには、一度ならず二度も飛び落ちた町娘もいたそうです。その動機については度胸試しではなく、病気治癒や母親の眼病平癒など、一心に観音様のご利益を願ってのことだったそうです。「飛び落ち」の様子は鈴木春信（一七二五？〜一七七〇年）筆『清水舞台より飛ぶ女』と題する浮世絵にもみられ、両手で傘を差し、振り袖姿で描かれた若い町娘の顔は柔和で、恐怖心もなく、悠然と空中飛行を楽しんでいるかのようにも見えます。

この「飛び落ち」は全国的にも知れわたっていたようで、『東海道中膝栗毛』のなかで清水寺を参詣した弥次さん・喜多さんは、僧侶から「観音様に願を掛けて飛びおりる人がいるが、怪我をしない」という説明を聞いています。さらに、式亭三馬の滑稽本『浮世風呂』にも、「清水の舞台から飛んだと思うて十二文」といって野菜を値切る場面があります。

願掛けとはいいながら、目もくらむような高さから飛び落ちた人の信仰心の篤さを思うと、やすやすと「清水の舞台から飛びおりるような決心」とはいえない言葉の重みを感じますね。

清水寺は東山区清水にある北法相宗の大本山。本尊は千手観音。延暦一七年（七九八）、坂上田村麻呂が延《えん》鎮《ちん》を開基として創建し、同二四年（八〇五）には勅願所となり、清水寺と称するようになった。一〇世紀以降、南都北嶺の抗争などにより、再三、罹災・焼失した。「清水の舞台」は寛永一〇年（一六三三）、徳川家光によって再建されたものである。清水寺本坊の成就院は文明年間（一四六九〜一四八七年）に願阿上人によって創建され、現在の建物は寛永一六年（一六三九）に東福門院和子《まさこ》の寄進により再興されたものと伝えられる。庭園は相阿弥作・小堀遠州による補修とも松永貞徳の作ともいわれ、江戸初期を代表する高台寺山を借景とした池泉回遊式庭園で「月の庭」と称される。

41 神花・樒《しきみ》が火難を防ぐ

愛宕神社

京都では家庭の台所をはじめとして、飲食店の厨房など火を使用する場所に愛宕《あたご》神社の「火《ひ》廼要愼《のようじん》」と書かれた火伏札《ひぶせのふだ》と火除けの神花・樒《しきみ》を祀る習慣があります。

平安時代以来、火の不始末による火災が多く、紫宸殿は四度も焼亡し、内裏に仕える女房たちは雷、盗人と同じほど火事を恐れていたそうです。そして、京の都を焼き尽くした「天明の大火」は天明八年（一七八八）正月三日に発生し、二昼夜燃え続け、市街地の大部分が延焼し、約三万七千戸が焼失したと伝えられています。さらに、「宝永の大火」（一七〇八年）、「元治のどんどん焼け」（一八六四年）などに見舞われた都人は、火の魔力に怯えおののき、平安京外の西北にある愛宕山《あたごやま》山頂にある白雲寺の本地仏・勝軍地蔵を火伏せの神として仰ぐようになったのでした

甲冑に身を固め、帯剣した勇ましい姿の勝軍地蔵は、伊達政宗や明智光秀も戦勝を祈願して、尊崇したと伝えられています。光秀は本能寺の変を前にして愛宕山に籠もり、主君・信長を討つか否かを神籤《みくじ》で決心したといいます。三度も凶が続きましたが、四度目に吉を引いて心を固め、翌日、催した連歌会では「時は今　雨が下知る　五月哉《さつきかな》」と決意の程を匂わせる句を詠ん

だのでした。

　さて、どのような理由で、勝軍地蔵が火伏せの神に変化《へんげ》したのでしょうか。それは極めて庶民的な発想からでした。都人は戦に勝利をもたらすほど力のある地蔵様ならば、火伏せも叶えてくれるだろうと考えついたというのです。彼らの願いは勝軍地蔵に届き、見事に火災は減少していったのでした。愛宕山信仰は大いに広まり、古くは「伊勢は七度、熊野は三度、愛宕さんへは月参り」といわれ、伊勢の「おかげまいり」や、「蟻の熊野詣」とは比べものにならないほど詣でられました。

火伏札

現在、白雲寺は廃仏毀釈を命じた神仏分離令によってなくなり、伊弉冉尊《いざなみのみこと》とその子供で火神である迦遇槌神《かぐつちのかみ》を祭神とする愛宕神社となりました。愛宕山の麓にある水尾の里は、かつて樒《しきみ》が原とも呼ばれるほど樒が繁っていたそうで、愛宕神社では仏花である樒が神花として祭事に用いられています。

火災は未然に防ぐことが第一ですが、都人は火伏札の「火廼要慎」の一文をみて、火の後始末を再確認しているのかもしれません。

愛宕神社は右京区嵯峨愛宕町にある標高九二四メートルの愛宕山山頂に鎮座し、全国の愛宕神社の総本宮。祭神は伊弉冉尊《いざなみのみこと》など。創建は大宝年間（七〇一～七〇四年）といわれ、修験道の祖・役小角《えんのおづの》と白山の開祖・泰澄によって建立された。天応元年（七八一）に慶俊僧都と和気清麻呂によって中興され、山上に愛宕大権現を祀る白雲寺が開創され、修験道の道場として栄えた。

七月三一日夜から八月一日早朝までの「千日詣」は、千日分の火伏・防火の利益があるといい、夜間にも関わらず、参道は参詣者で賑わう。登山者は下山者に対して「おくだりやす」、反対に下山者は登山者に対して「おのぼりやす」と挨拶する慣例がある。

42

お精霊《しょらい》さんを送る

大文字の送り火

八月一六日、京の夜空を焦がす「五山の送り火」は、お盆の間に此岸《しがん》（この世）に帰ってこられたお精霊《しょらい》さんを彼岸（あの世）に送る仏教行事です。

東山から西山にかけて北辺の五山には、それぞれ「大文字」「妙法」「舟形」「左大文字」「鳥居形」の文字が灯されます。起源や成立時期については明確ではありませんが、江戸時代半ばには、すでに行われていたようです。たとえば、医師を志して京に遊学した本居宣長（一七三〇～一八〇一年）が著した『在京日記』には、宝暦六年（一七五七）、送り火を三条大橋から眺めようとしたことが記されています。しかし、当時は点火時間が定まっていなかったため、その場に到着したときには大文字も舟形も妙法の文字も跡形もなく消え果て、二年連続、今年も見逃してしまったと嘆くことしきりでした。送り火が消えた後も人混みでごった返していた三条大橋の上から、ふと知恩院の背後にそびえる華頂山《かちょうざん》の方をみてみると、松の梢の合間から十六夜の月が姿をみせていました。彼は絵にも描けないほどの美しい月をみて、しばらく、橋の上にたたずんでしまったそうです。

さて、京都のお盆行事は六日ごろから始まり、お精霊さんをお迎えする「お迎え鐘」を撞く

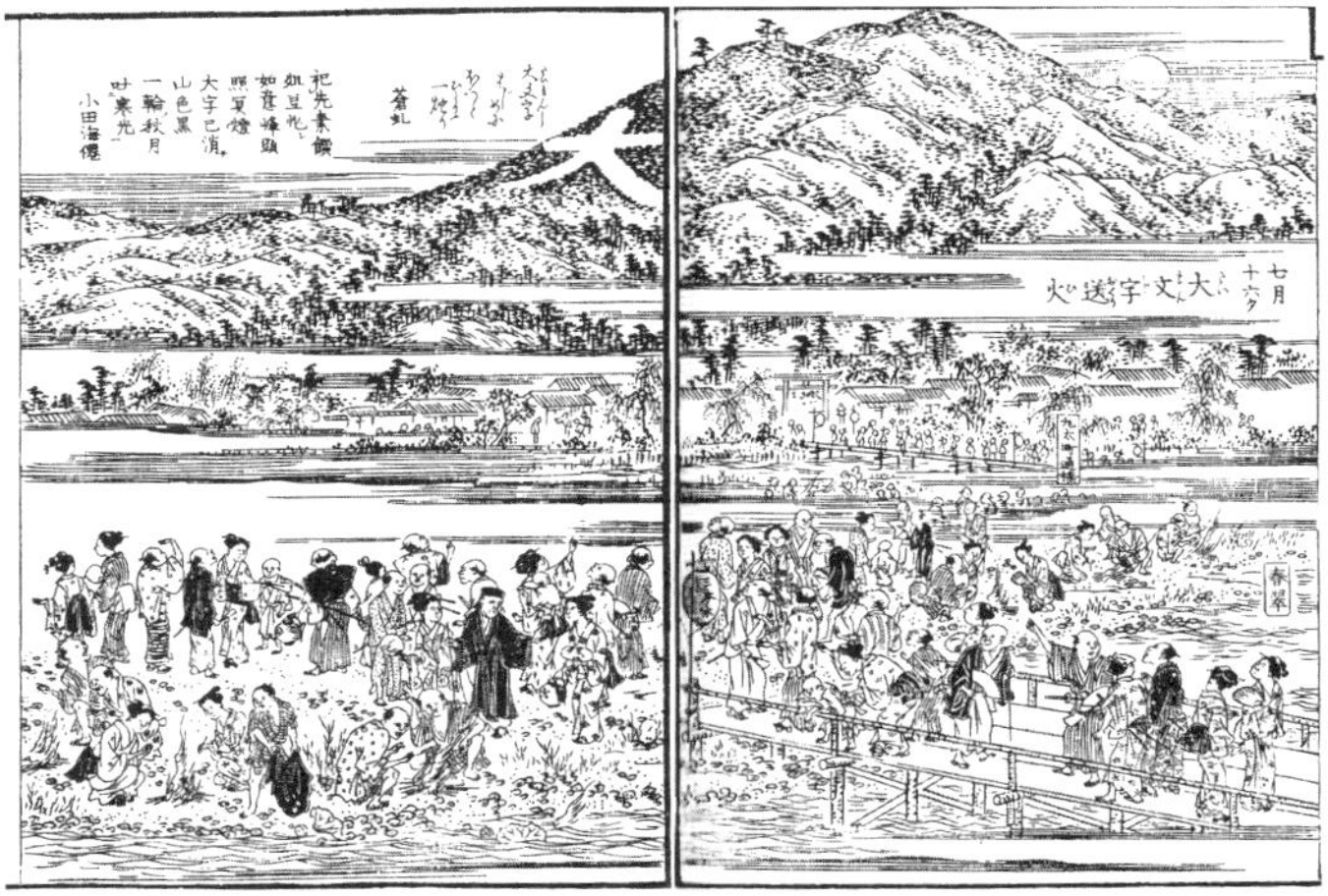

大文字送り火（『花洛名勝図会』）

ために、六道珍皇寺《ろくどうちんこうじ》や千本閻魔堂にお参りします。此岸に戻って来られたお精霊さんには、「白餅（おけそくさん）」「白むし（餅米を赤飯のように蒸したもの）」「蓮の葉に載せる野菜や果物」「おはぎ」「アラメとお揚げさんの炊いたん（アラメと油揚げの煮物のことで、京都では煮物を「たいたん」と表現します）」などを供え、麻の皮をはいだ茎を乾燥させた麻幹《おがら》の箸を添えて供養します。

いよいよ、お精霊さんが彼岸に帰られる一六日の朝、アラメの戻し汁を門口に撒く「追い出しアラメ」を行います。それは、お精霊さんがこの世に未練を残さないように、あの世に見送るためといわれています。そして、夜になると五山の送り火に送られて冥府《めいふ》に帰られるのです。

一時期、送り火をマスコミなどで「大文

字焼き」と呼ばれたことがありましたが、京都人は大変、違和感を覚えました。それは、送り火はお精霊さんを彼岸に送る灯火であって、火を用いたパフォーマンスではないからです。その証拠に今でも、送り火に向かって自然と手を合わせる習慣が残っています。きっと、本居宣長も送り火を観賞したかったのではなく、お精霊さんをお送りしたかったのではないでしょうか。

現在、五山の送り火は各保存会によって維持されている。現在昭和三七年（一九六二）までは点火時間が定められていなかったが、それ以後、左記のように決定。雨天決行。

「大文字」（左京区浄土寺大文字山・如意《にょい》ヶ嶽―四六六メートル―）二〇時。当日は山上・弘法大師堂において読経あり。

「松ヶ崎妙法」（左京区松ヶ崎・西山―一三三メートル―及び東山―一八七メートル―）二〇時五分。送り火が消えた後、山麓・涌泉寺《ゆうせんじ》境内で「題目踊」が催される。

「舟形万灯籠」（北区西賀茂・船山―三一七メートル―）二〇時一〇分。点火後、境内で六斎念仏が行われる。

「左大文字」（北区大北山・左大文字山―二三一メートル―）二〇時一五分。北区衣笠街道町にある法音寺《ほうおんじ》本堂の灯明の火を親火として点火。

「鳥居形松明」（右京区嵯峨鳥居本・曼陀羅山―一〇〇メートル―）二〇時二〇分。

※如意嶽は、八月一六日は終日入山不可であるが、それ以外は登山可能。しかし、他の四山は八月一六日以外も登山不可。

43 紅《くれない》萌《も》ゆる吉田山の節分

吉田神社

「紅萌ゆる丘の花　早緑《さみどり》匂う岸の色　都の花に嘯《うそぶ》けば　月こそかかれ　吉田山」（旧第三高等学校寮歌）と謡われた吉田山（一〇二メートル）の麓にある吉田神社は、節分祭には例年五〇万人もの参詣者が訪れ、大変な賑わいをみせます。京都人にとっては、節分といえば「吉田さん（吉田神社のこと）」にお参りするのが慣例となっているからです。

節分の前後三日間にわたって、疫神祭《えきじんさい》、追儺式《ついなしき》、火炉祭《かろさい》が斎行されますが、前夜、行われる追儺式は平安の昔に誘ってくれる奥ゆかしい行事です。そもそも、追儺は清々《すがすが》しい新年を迎えるにあたって大晦日に行われた宮廷行事で、一年の邪気を追い払うことを目的したものでした。「儺《な》やらい」とか、「鬼やらい」ともいい、大舎人《おおとねり》寮（宮中で宿直《とのい》や供奉《ぐぶ》などに従事する部署）から体躯がよい人物が抜擢され、鬼を追い払う「方相氏《ほうそうし》」の役を務めました。黄金四目の仮面をつけ、左手に矛、右手に盾をとって、威圧感のある儺声を発して、目にみえない鬼を追い払ったそうです。「方相氏」だけでは心許なかったのか、手に振り鼓（でんでん太鼓のようなもの）を持った侲子《しんし》と称する童二〇人が付き従い、王卿以下、桃弓（桃の木でつくった弓）と葦矢（葦でつくった矢）で加勢し、最後に桃杖（桃の木でつくった杖）で鬼を打ち据えて終了するのでした。こ

方相氏（『政事要略』より）

うして、王朝人の新年を迎える精神的な準備が完了したといえます。

さて、現在、吉田神社の追儺式には方相氏と八人の侲子が荒ぶる赤・青・黄色の鬼を駆逐します。「鬼」の語は陰陽道などで「隠《おん》」の音が変化したもので、目にはみえないものの意味がありましたから、平安時代には鬼は具現化されなかったのでしょう。因みに、仏教では赤鬼は「貪欲《とんよく》」、青鬼は「瞋恚《しんに》」、黄鬼は「掉挙悪作《じょうこおさ》」を現すといわれ、それぞれ金棒、刺股《さすまた》、両刃の鋸《のこぎり》を持っていることになっています。

昨今、流行の恵方巻きを食するのも良いでしょうが、人間の心にすむ「鬼」を取り払いたいものです。

吉田神社は左京区吉田神楽岡町に鎮座し、祭神は「春日神」と総称される建御賀豆智命《たけみかづちのみこと》・伊波比主命《いわいぬしのみこと》・天之子八根命《あまのこやねのみこと》・比売神《ひめのかみ》である。貞観元年（八五九）、藤原山蔭が一門の氏神として奈良・春日大社の神を勧請したことに始まる。鎌倉時代以降は、卜部氏（後の吉田家）が神職を相伝するようになり、文明年間（一四六九～八七年）には吉田兼倶が吉田神道（唯一神道）を創始して、その拠点として文明一六年（一四八四）、境内に末社・斎場所大元宮を建立した。寛文五年（一六六五）、江戸幕府が発布した諸社禰宜神主法度《しょしゃねぎかんぬしはっと》により、吉田家は全国の神社の神職の任免権（神道裁許状）などを与えられ、明治になるまで神道界に大きな権威を持った。

44 天子も怖れた鬼門《きもん》

赤山禅院

五世紀から六世紀にかけて、中国から導入された陰陽道思想は、日本においては自然界の瑞祥・災厄、人間界の吉凶禍福を占う技術として重用されました。

この思想は平安貴族の通過儀礼はもとより、日々の生活まで支配していたといえます。たとえば、「方違《かたたが》え」という慣習があり、悪い方角に出向かなければならない時は、陰陽師に吉方を占わせ、一旦、その方角に立ち寄って目的地に向かうほどでした。さらに恐れられたことは夜間の外出で、『宇治拾遺物語』などに描かれている「百鬼夜行《ひゃっきやぎょう》」に遭遇してしまうと、たちまち命を断たれることにもなってしまうことから、極力、控えていたといわれています。

これほど恐れられた鬼は丑寅《うしとら》（北東）の方角から出入りするといわれ、ここを鬼門と称して陰陽道では万事に禁忌とされました。身近なところでは、鬼が門口から侵入できないように鬼門の方角に、鬼の目を柊《ひいらぎ》の棘《とげ》で突き刺し、見えなくするといわれる柊を植えるなどの民間習俗があります。さらには、「難を転じる」に通じることから南天を植えたりもします。

さて、平安京造営以来、天皇の住まう内裏ですら鬼門は忌むべきものとされ、安政二年（一八五五）に再建された現・京都御所でも配慮がなされています。たとえば、北東の角の築地《ついじ》

京都御所猿が辻に対峙する赤山禅院の神猿

塀《べい》はわざわざ正方形のくぼみを作り、鬼の出入りを困難にするよう工夫がなされています。この場所は「猿ヶ辻」と称され、この軒下には「鬼門除け」の猿の木像が鎮座しているのです。猿ながら烏帽子《えぼし》をかぶり、御幣《ごへい》を手にして蹲《つくば》っている姿はとても愛嬌があります。

さらに、猿ヶ辻の延長線をたどって北東へ進むと、比叡山の西麓に到達します。ここには、平安京の鬼門除けの寺とされた赤山禅院《せきざんぜんいん》があります。拝殿の屋根の上には、猿ヶ辻の猿に対峙するかのように右手に御幣、左手に鈴を持った猿の木像が鎮座しています。なぜ、猿が鬼門の方角に祀られたのでしょうか。その所以は、鬼門に対抗する申《さる》の方角（西南西）に結びつけたことのようです。

このように、猿ヶ辻と赤山禅院の二匹の猿が平安京の鬼門除けの役目を果たしていました。そして、京都から発信された鬼門禁忌の思想は、現在でも風水学や家相として継承されているのです。

赤山禅院は左京区修学院開根坊町にある天台宗・比叡山延暦寺の塔頭の一つ。本尊は陰陽道の祖神とされる泰山府君《たいざんふくん》（赤山大明神）で、平安時代に慈覚大師・円仁の遺命によって弟子である安慧《あんね》によって創建された。

45 蹴《け》鞠《まり》の神様

白峯神宮

蹴鞠は六～八人の鞠足《まりあし》と呼ばれる競技者が、鹿皮製の鞠を一定の高さに蹴り上げてラリーを楽しむ球技で、六世紀頃に中国から伝来したといわれています。

平安時代には男性貴族たちの間で大流行し、かの清少納言も『枕草子』に「あそびわざは、小弓《こゆみ》。碁。様《さま》あしけれど、鞠《まり》もをかし」と、鞠を蹴り上げる姿は格好良くないけれど、趣《おもむき》があると絶賛しています。

さて、蹴鞠の魅力に取り憑かれた男性たちは、広大な庭を持つ寝殿造《しんでんづくり》様式の邸宅に「鞠《まり》場《ば》」と呼ぶ練習場を作って、日々、練習に励むほどでした。現に、平安後期の大納言・藤原成《なり》通《みち》（一〇九七～一一六二年）は蹴鞠が上達するように七千日も修練を重ねたといいます。そのうち二千日は、病に臥せる日も、雨の日も一日も欠かさず続けたそうです。千日が成就した日の夜、猿の姿をした三体の鞠の精霊が現れ、「蹴鞠が好まれる世は天下泰平……邪念を払って蹴鞠に集中し、我々のことを心にかけて下されば、守護者となって鞠技《わざ》を上達させましょう」と告げたと伝えられています。弛まぬ精進の甲斐あって、稀代の名人と称され、後世、「鞠聖《しゅうせい》」と崇められました。その卓越した技は「清水の舞台の欄干《らんかん》を、鞠を蹴りながら一往復した」と

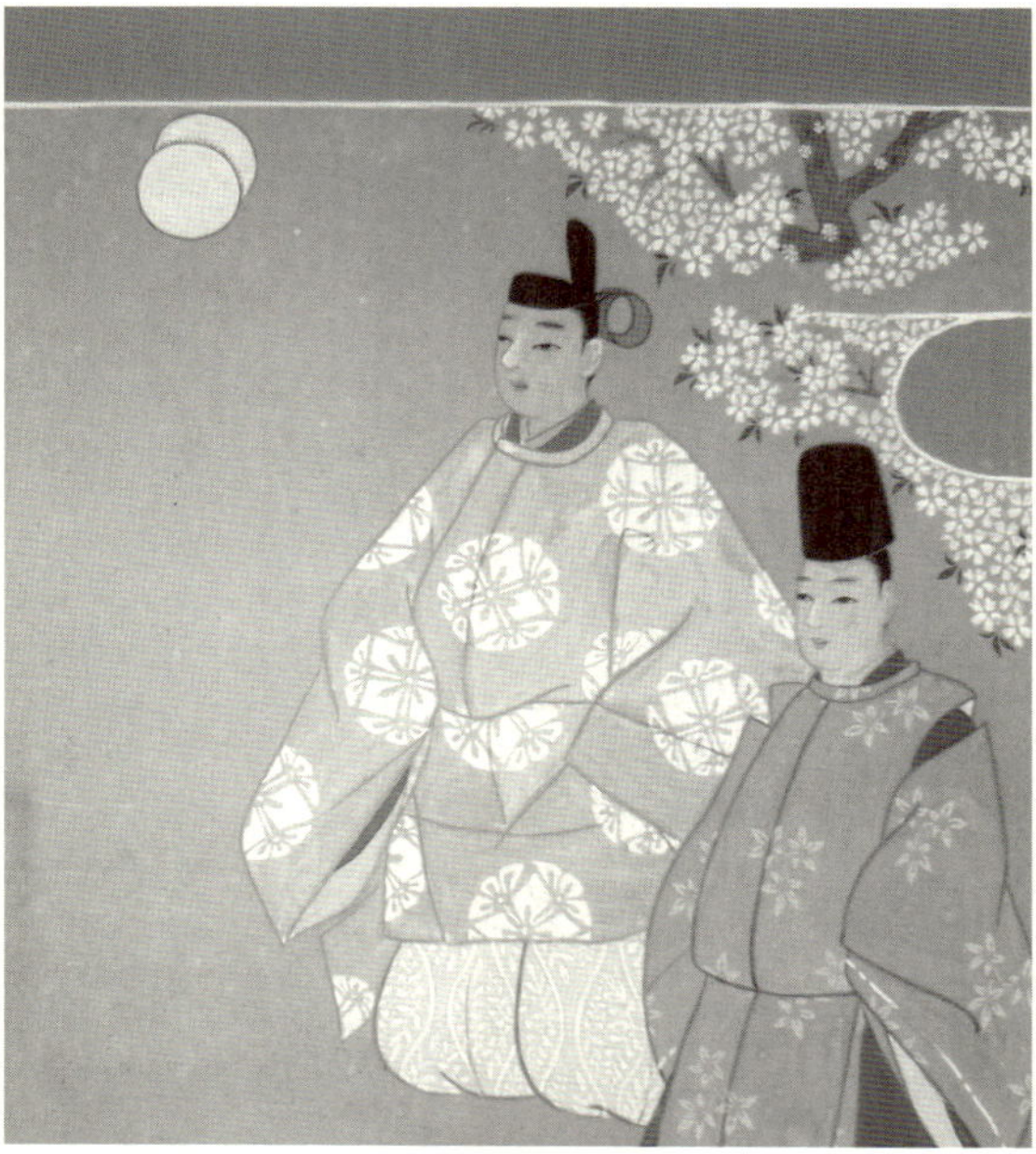

蹴鞠に興じる公達

の逸話が如実に物語っています。

さて、鞠聖・藤原成通に教えを受けた者の一人に難波頼輔（一一一二～一一八六年）という人物がいます。彼は後白河天皇に蹴鞠の才能を認められ、院近臣に加えられ、「無双達者」「本朝蹴鞠一道之長」と称され、師にも負けないほどの技量をもっていたようです。そして、その子孫は鎌倉時代に入って蹴鞠と和歌の師範をつとめる飛鳥井家を築き、徳川家康から蹴鞠道家元としての地位が認められました。飛鳥井家の旧邸には、慶応四年に白峯神宮が創建され、飛鳥井家に因んで鞠の守護神・精大明神がお祀りされています。

蹴鞠はサッカーのようにキックやシュートで相手を打ち負かして、得点を競うことはありません。攻撃を目的としないため、鞠を蹴るのにも作法があり、鞠の精霊の名に由来する「アリ」「ヤウ」「オウ」の合図の声を発して相手がうけやすいように工夫するのです。この所作によって鞠は空中を優雅に舞い、軽やかな鞠音を立てて繋がって行くのです。蹴鞠の最大の妙味は、互いに争わず、皆が技と心を合わせて一意専心する気高さにあるのではないでしょうか。

白峯神宮は上京区今出川通堀川西入ル飛鳥井町に鎮座し、祭神は崇徳天皇と淳仁天皇。精大明神は摂社・地主社《じしゅ》に柊明神などと共に祀られている。また、境内にある飛鳥井と称する井戸は催馬楽《さいばら》『飛鳥井』に「飛鳥井に宿りはすべし、や、おけ、蔭もよし、御水《みもひ》も寒し、御秣《ミマクサ》もよし」と謡われている。さらに、『枕草子』に九つの名水の一つとして記されているが、現存するのは飛鳥井だけである。

46 山鉾風流《ふりゅう》で熱狂した祇園祭

八坂神社

栄華を誇った藤原道長は、晩年、飲水病（糖尿病）を煩っていたといわれ、王朝人もさまざまな生活習慣病に悩まされていたようです。また、『枕草子』に「病は。胸。物の怪。脚の気《け》」と記されているように、結核（胸）、怨霊に取り憑かれること（物の怪）、脚気（脚の気）の三疾病が怖れられていました。なかでも、人を苦しめ、病気にさせたり、死にも至らしめる怨霊は病魔への畏怖と強く結びついていました。たとえば、貞観一一年（八六九）、平安京をはじめ全国各地で蔓延した疫病は、怨霊や疫神《えきじん》（疫病神《やくびょうがみ》ともいい、疫病をもたらす悪神）の仕業であろうと考えられ、それらを鎮めるために大規模な「御霊会《ごりょうえ》」が行われました。

『祇園社本縁録』によると、内裏の禁苑である神泉苑《しんせんえん》の南端（現・八坂神社三条御供社）において、疫神の依代《よりしろ》として六六本の鉾《ほこ》（当時の国の数）を立て御霊会を修し、祇園社から出した神輿《みこし》に疫病を封じ込めて神泉苑に送ったそうです。翌年からは「祇園御霊会」と称して恒例行事となり、後の日本三大祭のひとつ、祇園祭の起源となりました。

さて、古来、祇園祭は疫病退散を願ったものでしたが、今日では疫神の依代であった鉾や山は「動く美術館」といわれるほど豪華な懸装品《けそうひん》で飾られ、「山鉾巡行《やまほこ》」が祭のハイライトとも

長刀鉾の扇と粽

なっています。このように絢爛豪華になった経緯は、一四世紀半ば頃からの「風流」の流行によるものです。「風流」とは中世以降、高揚した日本独自の美意識で、平安末期頃から現れ、祭礼の山車《だし》や装束に人を驚かせるような華美な趣向を凝らすことをいいます。たとえば、「鯉山」の懸装品《けそうひん》（重要文化財）は一六世紀にベルギーのフランドル地方で織られたタペストリーを裁断・分割して使用したものですが、テーマはホメロスの『イーリアス』の重要場面であるトロイ王の英姿を描いたものですから、奮っていますね。

この高価な舶来の品を調達したのが権力者ではなく、京の町衆であったことには驚かされます。祇園祭は、今も町衆の心意気から成り立っている祭なのです。

八坂神社は東山区祇園町北側に鎮座し、明治以前は祇園社、祇園感神院《かんじいん》、祇園天神社、牛頭《ごず》天王社などと称された。祭神は素戔嗚尊《すさのおのみこと》・櫛稲田姫命《くしなだひめのみこと》・八柱御子神《やはしらのみこがみ》。斉明天皇二年（六五六）、高句麗から来朝した伊利之《いりし》が新羅の牛頭山の素戔嗚尊の神霊をこの地に祀ったのを起源とすると伝えられている。
祇園祭は七月一日の吉符入りに始まり、三一日の摂社の疫神社（蘇民将来社）の夏越《なご》しの祓えで幕を閉じる。七月一七日（前祭《さきまつり》）と二四日（後祭《あとまつり》）の山鉾巡行はユネスコ無形文化遺産にも登録されている。

其の七

異界を巡る

47 空海と守敏《しゅびん》の祈雨対決

神泉苑

平安の昔、都の正門・羅城門《らじょうもん》を入ると、その東西に都を守護する東寺と西寺《さいじ》がそびえ立っていました。弘仁一四年（八二三）、嵯峨天皇は東寺を空海（七七四〜八三五年）、西寺を守敏（生没年不詳）に下賜《かし》し、国家安寧を祈願させせました。両名とも類い稀なる法力を持っていましたが、犬猿の仲で何事にも対立していたそうです。

天長元年（八二四）、二人の法力の優劣を競うような出来事が起こりました。この年、京の都はもとより畿内は大旱魃《かんばつ》に見舞われ、平安京造営に際して大内裏の禁苑（天皇の遊場）として造られた神泉苑の大池の水も干上がらんばかりの状態となってしまったのでした。これを憂いた淳和天皇は守敏を呼び出し、神泉苑において雨乞い祈願を行うよう命じましたが効験は現れず、ようやく、一七日目にして微かに雨が降っただけでした。

次に空海が命じられ、請雨経法を修しましたが、一滴たりとも雨は降りませんでした。両名の法力も通じなかったのでしょうか。そうではありませんでした。降雨に至らなかった原因は、守敏の呪力によるものだったのです。それは、水瓶の中に雲雨を自在に操る力を持っているという龍神を、すべて封じ込めていたからでした。このことを突き止めた空海は、唯一、この呪

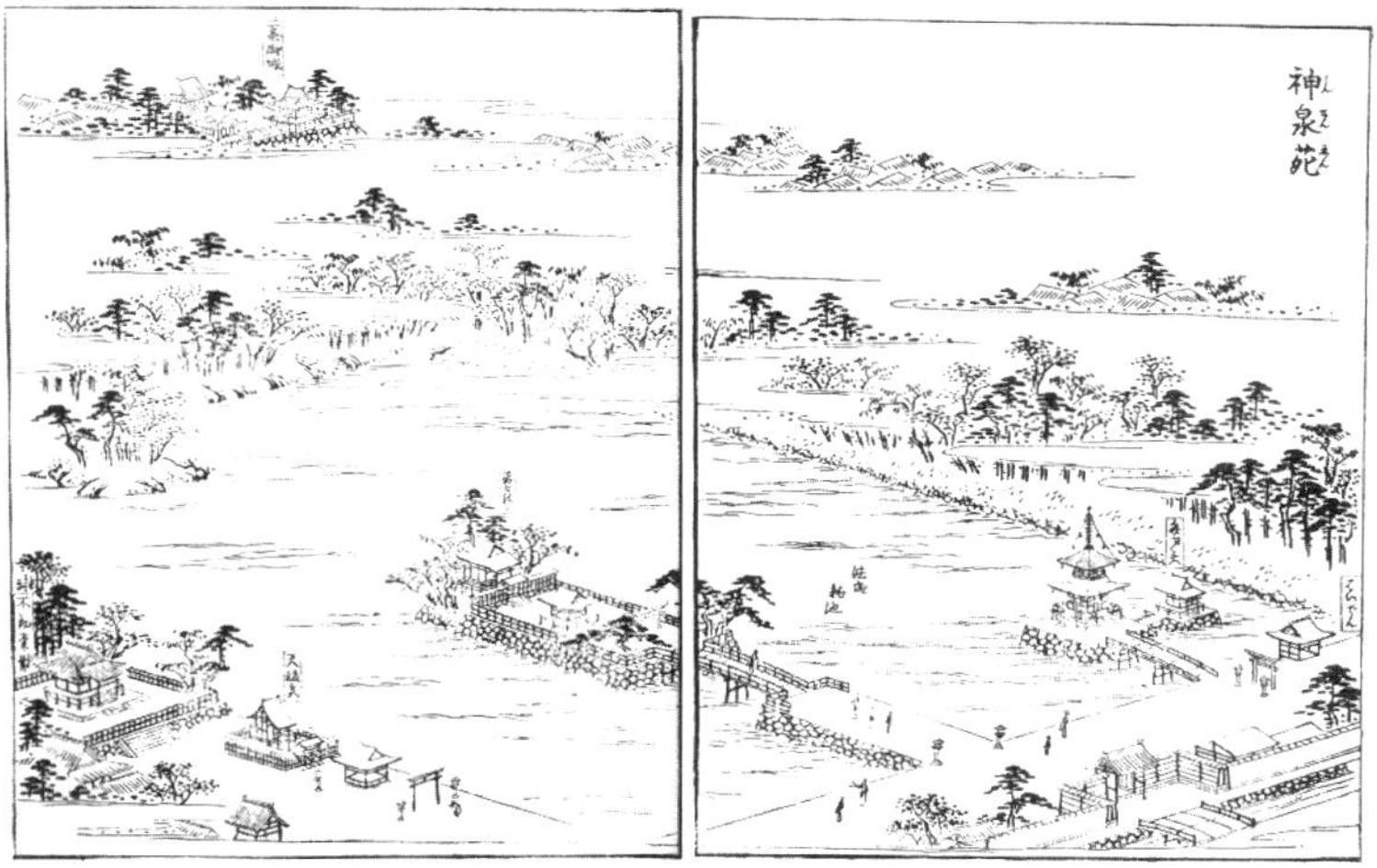

神泉苑（『都林泉名勝図会』）

力から逃れていた善女龍王《ぜんにょりゅうおう》（『法華経』提婆達多品《だいばだったほん》に現れる八大龍王の一尊）を見出し、北天竺の無熱悩池《むねつのうち》から神泉苑に勧請することに成功しました。龍王は一丈（約三メートル）もあろうかと思われる大蛇に乗って神泉苑の池底から現れ、空海が祈雨の修法を行ったところ、三日三晩も雨が降り続き、都に水の恵みがもたらされたのでした。かつて遊宴の地であった神泉苑は、以後、雨乞いのメッカとして位置づけられるようになりました。

それにしても、雨を止めたり、降らせたりできる空海と守敏の法力は凄いものです。

神泉苑は中京区御池通神泉苑町にある真言宗寺院。本尊は聖観音。平安京の禁苑であった頃は南北約五〇〇メートル、東西約二四〇メートルにおよぶ広大なものであったが、中世以降は荒廃し、徳川家康による二条城造営に際して敷地の大部分が城内に取り込まれ、大幅に規模が縮小された。御池通の命名の由来となっているとの説もある。

48 陰陽師・安倍晴明の伝説

晴明神社

稀代の陰陽師安倍晴明（九二一～一〇〇五年）は、陰陽師賀茂忠行・保憲父子に陰陽道を学び、天文道を伝授され、五〇歳頃天文博士に任命されるとともに、賀茂保憲が没した貞元二年（九七七）頃から陰陽師として頭角を現すようになりました。

安倍晴明を一躍有名にしたのは、一九九八年に発表され、シリーズ化した夢枕獏の小説『陰陽師』で、のちに漫画化、映画化もされるほどの晴明ブームを巻き起こしました。その中では『今昔物語集』や『宇治拾遺物語』に著された摩訶不思議な現象が記されていますので、その一端を紹介しましょう。

「晴明がまだ若かったころ、夜間、師の賀茂忠行が都のはずれに外出した時、師が乗った牛車《ぎっしゃ》の後を徒歩でお供をしていた。師は牛車の中で熟睡していた。晴明は牛車の前方から何とも恐ろしい様子の鬼たちが迫ってくるのを発見し、師に事態を報告した。忠行は隠形《おんぎょう》の術を用いて、自身も従者の姿も鬼たちの目から隠してしまった」

この一件は、晴明が鬼を観る能力を有していたことを裏付けるもので、以後、忠行は陰陽道の奥義をすべて伝授したと記されています。さらに、仁和寺の寛朝僧正を尋ねた時、同席した

安倍晴明銅像

公卿達に「陰陽道の技でカエルを殺してみせよ」といわれ、術を用いて手を触れずにカエルを真平らに潰したことや、晴明の邸宅は式神《しきがみ》（陰陽道で陰陽師の命令によって変幻自在に不思議な業をなすという精霊）に家事をさせ、勝手に門が開閉していたなどユーモラスな伝説も語られています。

現在では、このような神秘化された安倍晴明の人物像が定着しているようですが、大変な勉強家で、天文道や陰陽道に関して卓越した知識を持っていました。たとえば、星座の急変するのを見て、花山天皇の退位を予知したといわれています。また『御堂関白記』や『小右記』によると、花山天皇・一条天皇をはじめ、藤原道長からも信頼を集めていたと記されています。天賦の才に加えて弛まぬ努力を惜しまなかったことが、後世、さまざまな伝説を生んだ所以ではないでしょうか。

さて、彼の邸宅は式神を隠しておいたといわれる一条戻り橋の近くにあったといわれ、寛弘四年（一〇〇七）、一条天皇の勅命によって現在地に晴明神社が建立されました。

晴明神社は上京区堀川通一条上ル晴明町に鎮座し、祭神は安倍晴明、倉稲魂命《うがのみたまのみこと》。本殿の北にある晴明井《せいめいい》は晴明の念力によって湧き出たともいわれ、飲用すると悪病難病が平癒するといわれている。境内には源頼光の四天王のひとり渡辺綱が鬼女の腕を一刀両断のもと切り落としたことでも有名な一条戻り橋のミニチュアが再現されている。古くは「戻る」を忌み嫌って冠婚葬祭の行列は、この橋を渡らない慣わしがある。

境内の一角、葭屋町通元誓願寺下ル町には千利休の屋敷があったといわれ、近年、「千利休居士聚楽屋敷址」の石碑が建立され、利休が催した茶会には晴明井の水が用いられたとの伝承がある。

49 小野篁《たかむら》が冥府《めいふ》に通った井戸

六道珍皇寺

いつの世にも奇人はいるものですが、平安時代の奇人といえば小野篁（八〇二〜八五三年）をおいて他にはいないでしょう。というのも、彼は昼と夜、まったく異なる二つの顔を持っていたのです。昼は宮廷に仕えるエリート官僚で、漢籍の才は侍読《じどく》（天皇の側に仕え、学問を教授する学者）を勤めた父・岑守《みねもり》譲りのものでした。たとえば、嵯峨天皇が、秘蔵していた『白氏《はくし》文集《もんじゅう》』「春江」の一節を「閉閣只聴朝暮鼓　上楼遙望往来船」と改変して示したところ、篁は「上楼空望往来船」と添削して返しました。それは、白楽天が詠んだ原文通りで、当時、『白氏文集』はたった一冊しか渡来しておらず、篁も目にしていませんでしたから、嵯峨天皇は大いに驚き、彼の詩情は白楽天に匹敵すると感歎したそうです。

さて、このように優れた文才を持った篁の夜の顔はといえば、毎夜、冥府に通い、閻魔王庁の臣として裁判の手伝いをしていたことでした。『今昔物語集』や『江談抄』によると右大臣・藤原良相《よしみ》（八一三〜八六七年）が重病となって、絶息し、地獄で閻魔大王の裁定を受けることになった時、大王の側に控える篁に出会いました。篁は若かりし頃、良相の弁護によって救われた恩義があり、大王に許しを請うたところ、良相は冥界からこの世に戻れたというのです。あ

六道珍皇寺（『花落名勝図会』）

る時、良相が篁に冥界での出来事を尋ねると「以前、私を弁護してくれたお礼です。決して、他言されませんように」と答え、良相は「篁は普通の人間ではない。閻魔王庁の臣であった」と知ったのでした。彼が閻魔王庁に仕えることになった理由は、一説に亡き母に会いたかった、あるいは、餓鬼道に堕ちてしまった母を救うためであったともいわれています。

ところで、冥府へはどのようにして往来したのでしょうか。それは、六道珍皇《ろくどうちんこう》寺《じ》の本堂裏手にある「冥土通いの井戸」から、側に植えられている高野槇《こうやまき》をつたって下ったと伝えられています。この地域は平安時代の三大葬送地のひとつ鳥《とり》辺《べ》野《の》の入り口に当たり、この世とあの世の分岐点にあたる「六道の辻」とも呼ばれていましたから、冥府への入り口があっても不思議ではありません。出口は平成二三年（二〇一一）に発見された隣接する西福寺《さいふくじ》（六道珍皇寺の旧境内地）にある井戸であろうと推定され、「黄泉《よみ》帰りの井戸」と命名されました。篁は身の丈六尺二寸（約一八八センチ）もある大男で武芸にも秀でていたと伝えられていますから、さほど大きくない井戸からどのようにして出入りしていたのでしょうか。謎は深まるばかりですね。

六道珍皇寺は東山区大和大路四条下ル四丁目小松町にある臨済宗建仁寺派の寺院。本尊は薬師如来。鎌倉時代までは東寺の末寺として広大な伽藍を有したが、南北朝時代以降、寺領の多くが建仁寺の所有に転じたことと戦乱により衰退した。境内の閻魔堂には閻魔大王と小野篁の木像が安置されている。八月七日から一〇日までの「六道参り」は京都の盂蘭盆会《うらぼんえ》の習慣として有名で、迎え鐘を撞いて精霊を迎え、門前に並ぶ花屋で高野槇《こうやまき》を買い求めて帰宅する。精霊は槇の葉に集まって、家に帰ると信じられているためである。

50 生前の行いを裁く閻魔大王

引接寺（千本閻魔堂）

子供の頃、「嘘をつくと閻魔様に舌を抜かれる」なんて、いわれたことはありませんか。真っ赤な顔に、吊り上がった太い眉、カッと見開いた眼《まなこ》、大声で誰かを叱っているように開かれた口など、それはそれは怖い形相《ぎょうそう》をされています。というのも、閻魔様は地獄の大王として人間の生前の行いや罪の軽重を審判されるのですから、優しい顔はしていられません。そして、閻魔様の傍らには死者の生前の行為や罪悪を映し出す水晶で作られた「浄玻璃《じょうはり》の鏡」、手にはそれを記録した「閻魔帳」が置かれ、極楽行か、地獄行かを厳正に判定されるのです。

こんなに恐れられる閻魔様が登場する『地獄八景亡者戯《じごくばっけいもうじゃのたわむれ》』という上方落語があります。鯖《さば》の刺身を食べ、食中毒を起こして死んだ喜六という男を中心に、地獄行きと裁定された男たちが面白おかしく地獄の鬼を困らせ、抵抗し、挙げ句の果てには「閻魔大王を飲み込んで、下し（下痢）てしまう」と言い放つ顛末を描いています。

さて、平安時代、都の北方、船岡山から紙屋川《かみやがわ》にいたる一帯を蓮台野《れんだいの》といい、鳥辺野《とりべの》・化野《あだしの》と並ぶ葬送地で、現在の千本通りを通って遺体を運んだそうです。蓮台野の入り口付近に、通称、千本閻魔堂《せんぼんえんまどう》と呼ばれる引接寺《いんじょうじ》がありますが、本尊は閻魔大王で、高さ二・四メートルもあ

千本閻魔堂　大念仏（『花洛細見図』）

る大きな木像です。両脇には検事役である司命尊《しめいそん》と、書記役である司録尊《しろくそん》が安置され、さながら閻魔王庁の様子を再現したかのようです。

引接寺が位置している千本通りの由来については、葬送の地・蓮台野へ通じるこの通りには死者を供養する卒塔婆《そとば》が千本立ち並んでいた、また、『日蔵夢記』には日蔵《にちぞう》（九〇五？～九六七年）が地獄におちた醍醐天皇と出会い、「地獄の責め苦から救い出すために千本の卒塔婆を立てよ」と懇願され、千本の卒塔婆を立てたことによるとも伝えられています。千本通りは、今では西陣千本商店街があって賑わいを見せていますが、平安の昔には蓮台野へ通じる少し怖い通りだったようですね。

引接寺（千本閻魔堂）は上京区千本通廬山寺上ル閻魔前町《えんままえちょう》にある真言宗寺院。寛仁年間（一〇一七～一〇二一年）、恵心僧都源信の弟子定覚《じょうかく》が開創し、大念仏を始めたと伝えられる。また、小野篁の開基であるともいわれている。室町時代は大念仏狂言や勧進能が行われ、庶民の信仰を集めた町堂となった。応仁の乱以後衰退し、現本尊の閻魔王は、乱後、定勢《じょうせい》によって製作されたものである。宣教師ルイス・フロイスが記した『日本史』には、一五六五年当時の境内の様子が記されている。また、毎年、五月一日から四日まで催される「千本ゑんま堂大念仏」は、銘桜普賢象《ふげんぞう》桜などとともに上杉本『洛中洛外図屏風』（一五七四年）にも描かれている。八月七日から一五日までは、精霊迎えの盂蘭盆の六道会が行われ、参詣者で賑わう。境内には至徳三年（一三八六）、圓阿上人の勧進によって建立された「紫式部供養塔」（重文、多層石塔）がある。

51 源頼光《よりみつ》の大蜘蛛退治

上品蓮台寺

平安時代中期、藤原兼家・道長・頼通の三代に仕えた武将・源頼光（「らいこう」ともいう。九四八～一〇二一年）は、『今昔物語集』などによると、大江山の酒呑童子《しゅてんどうじ》征伐で有名な猛将です。酒呑童子というのは、実は鬼ともいわれ、あるいは盗賊の頭目で、都へ出没しては公達《きんだち》や姫君を略奪し、側近く仕えさせたり、殺害するなど悪行三昧を繰り返していたそうです。寛仁元年（一〇一八）三月、酒呑童子討伐の勅命が下り、渡辺綱《わたなべのつな》・坂田金時《さかたのきんとき》・碓氷貞光《うすいのさだみつ》・卜部季武《うらべのすえたけ》ら頼光四天王と、藤原保昌ら六人が大江山に向かい、見事、討ち果たしました。

余談ですが、坂田金時は幼名を金太郎といい、童謡『金太郎』では「鉞《まさかり》かついで金太郎　熊に跨《またが》りお馬の稽古……」と謡われ、足柄山で頼光と出会い、力量を見込まれ四天王の一人に加えられたと伝えられています。男児の元気な成長を願った五月人形のモデルともなり、真っ赤な肌色であったことから金時豆、金時人参、金時芋など赤いものに「金時」という語が冠されるようになりました。

さて、『平家物語』剣の巻には、武勇を誇った頼光にしても瘧《おこり》（マラリア）を煩い、高熱に悩まされたことが記されています。頼光の夢枕に身の丈七尺（約二・一メートル）もある僧侶が現れ、

鬼（『政事要略』より）

蜘蛛のように地を這い、口から吐き出した糸で彼を苦しめました。何とか起き上がり名剣「膝丸（後に蜘蛛切りと改名）」で大男の僧侶に立ち向い、一太刀あびせると逃げ出しましたが、その血痕を四天王たちが辿って行くと、その正体は四尺（約一・二メートル）もあろうかと思われる大蜘蛛だったのでした。彼らは大蜘蛛を切り刻み、串刺しにすると、頼光の病はたちまちに平癒したといいます。この伝説を元にして室町時代に能楽「土蜘蛛」が作られ、明治時代には蜘蛛の糸を投げつける演出がなされるようになりました。

四天王たちが辿った血痕が途切れたのが上品蓮台寺《じょうぼん》辺りだったそうで、源頼光墓所の北隅にある大きな椋《むく》の木の下に「土蜘蛛塚（源頼光朝臣塚ともいう）」が建立されています。「大江山の酒呑童子征伐」も「土蜘蛛退治」も伝説とはいいながら、源頼光と四天王の勇猛さを伝える逸話だといえるでしょう。

上品蓮台寺は北区紫野十二坊町にある真言宗智山派の別格本山。本尊は延命地蔵菩薩。創建の詳細は不明であるが、寺伝によれば、聖徳太子が母・間人《はしひと》皇后の菩提寺として建立したともいい、当初は香隆寺《こうりゅうじ》と称したが、宇多天皇の勅命によって上品蓮台寺と寺名が改められた。応仁の乱によって焼失したが、文禄年間（一五九二〜九六年）、根来寺の性盛《しょうせい》によって復興され、子院が一二坊あったことから「千本十二坊」とも呼ばれた。境内には空海の母の墓所といわれる「阿刀氏塔《あとし》」、天平時代の作とされる『絵因果経』などの寺宝がある。

52 千灯供養の灯火に揺れる無縁仏

化野念仏寺

五山の送り火でお精霊《しょらい》さんを彼岸に送りすると、八月二三日、あるいは二四日に「地蔵盆」という行事があります。京都には辻々にお地蔵様をお祀りする小さな祠《ほこら》があり、町内会が主催するようなかたちで行われますが、その日は地蔵菩薩の縁日にあたり、祠からお地蔵様を出して、綺麗にお化粧が施されるのです。

お地蔵様は中近世以降、子供の守り神として信仰されるようになり、「地蔵盆」では僧侶の読経や数珠回しなどの仏教的行事のほか、おやつの配布やスイカ割り、福引きなど子供が喜びそうなプログラムが組まれています。つまり、この日の主役はお地蔵様と子供たちなのです。

さて、この日の夜、化野《あだしの》念仏寺では無縁仏を供養する「千灯供養」が行われます。化野という地は小倉山山麓にあり、古来、風葬の地とされていました。一般庶民は墳墓を造らず、遺体を野ざらしにして風化させるのが一般的な葬儀の形式でした。『徒然草』には無常観の象徴として、「化野の墓地の露が消えないように人間が生き続け、鳥辺山の煙がいつまでも立ち去らないでいるように人間の生命が終わらないのであれば、無常観などというものはなくなってしまうだろう。世の中は無常であるからよいのだ」と、化野の露は鳥辺野（火葬地）の煙ととも

地蔵盆・化粧を施したお地蔵様

に捉えられていました。

弘仁二年（八一一）、この無常観ただよう地に、空海は如来寺を建立し、野ざらしになっていた遺骸を埋葬したと伝えられています。

時を経た明治三六年（一九〇三）ころ、化野一帯に散在していた無縁仏と化した、およそ八千体の石塔・石仏を念仏寺境内に集めて供養するようになりました。隙間なく並べられたその様子は、釈尊宝塔説法を聴く衆生《しゅじょう》になぞらえているともいわれ、ミステリアスなドラマのロケ地ともなっています。

毎年八月二三日・二四日に行

われる「千灯供養」は、これらの石仏・石塔の前に灯されたローソクの明かりが何とも幻想的で、夏の風物詩ともいわれています。

化野念仏寺は右京区嵯峨鳥居本化野町にある浄土宗寺院。本尊は阿弥陀如来。創建当時は真言宗に属していたが、法然が念仏道場を開いたことから念仏寺と称するようになり、浄土宗に改められた。「千灯供養」が行われる石仏・石塔群は、「賽の河原」に模して「西院《さい》の河原」と名付けられている。この石仏・石塔群は立原正秋の小説『あだし野』にも描かれている。境内に広がる清々しい竹林の小径も、奥嵯峨らしい風情がただよっている。

53 御霊《ごりょう》を鎮め平安を祈る

上御霊神社・下御霊神社

桓武天皇は平城京から長岡京へ都を遷してわずか一〇年後の延暦一三年（七九四）一〇月二二日、四神相応《しじんそうおう》の地である平安京へふたたび遷都しました。

造営間もない長岡京を棄て去ったのは、延暦七年（七八八）からの数年間、帝の生母・高野《たかのの》新笠《にいがさ》をはじめ、皇后・藤原乙牟漏《おとむろ》、夫人・藤原旅子《たびこ》など近親者の女性ばかりが相次いで没し、皇太子・安殿《あて》親王（のちの平城《へいぜい》天皇）も病に倒れ、なかなか全快しなかったために桓武天皇の心労はピークに達し、心の平安を得るためであったともいわれています。

このように不吉な出来事が頻発した原因は、桓武天皇の即位に至るまでの経緯に遡ります。桓武天皇は異母弟・他戸《おさべ》親王という強力なライバルを、いわれなき理由で死に追いやって蹴落とすことで即位を実現させ、他戸親王の母・皇后井上《いのえ》内親王も深い怨念を残してこの世を去っています。さらに、同母弟・早良《さわら》親王（七五〇？〜七八五年）すらも、長岡京造営の責任者であった藤原種継《たねつぐ》暗殺事件に関与していたということで乙訓寺《おとくにでら》に幽閉し、自ら食を断って憤死させてしまったのでした。彼らは怨霊となって桓武天皇を苦しめ続け、とくに早良親王は死後七、八年を経ても深い恨みは消えることがなく、恐れおののいた桓武天皇は、延暦一九年（八〇〇）、

御霊神事（『拾遺都名所図会』）

早良親王に崇道《すどう》天皇を追贈して慰霊に努めたのでした。

　しかし、九世紀なかばに至って、非業の死を遂げた人々の祟りは一般民衆を苦しめる疫病の流行として現れました。貞観五年（八六三）五月二〇日、桓武天皇は神泉苑において早良親王らの霊を慰める盛大な御霊会《ごりょうえ》を行い、疫病退散を願ったのでした。これを契機として、畏怖の念を抱く御霊を鎮めることによって世の中の平穏を回復しようとする御霊信仰が起こり、早良親王や他部親王らを祭神とする上御霊《かみごりょう》神社・下御霊《しもごりょう》神社が創祀されました。

科学や医学が未発達であった平安時代において、人智を超えた災害・天変地異・疫病の流行など、人間の力では抗しえない出来事を御霊の祟りではないかと考えるのも無理からぬことでしょう。

上御霊神社は上京区上御霊前通烏丸東入上御霊竪町に鎮座。この地には平安京遷都以前、上出雲寺があった。延暦年間（七八二～八〇六年）、大和国霊安寺御霊社から井上内親王と早良親王を遷して、祀ったのが始めである。のちに他戸親王、藤原吉子《きっし》、橘逸勢《はやなり》、文屋宮田麻呂、火雷神《ほのいかづちのかみ》、吉備真備《きびのまきび》を合祀して八所御霊とした。文正二年（一四六七）一月一八日、境内で繰り広げられた畠山政長と畠山義就との私闘は応仁の乱の前哨戦となり、応仁の乱発祥の地とされる。

下御霊神社は中京区寺町通丸太町下ル下御霊前町に鎮座。平城天皇即位の時に謀反の疑いをかけられ、川原寺に幽閉され亡くなった伊予親王（桓武天皇の皇子）とその母・藤原吉子を祀ったのを始めとする。のちに、早良親王、橘逸勢、文屋宮田麻呂、藤原広嗣《ひろつぐ》、火雷神《ほのいかづちのかみ》、吉備真備《きびのまきび》を加えて八所御霊とした。もとは上御霊神社の南、下出雲寺跡に鎮座していたため下御霊神社と称された。中世以降、社地を転々としたが、天正一八年（一五九〇）、豊臣秀吉の都市整備によって現在の地に定まった。

54 災いを知らせる将軍塚の鳴動

将軍塚（青蓮院）

東山三十六峰のひとつ華頂山《かちょうざん》（標高約二一五メートル）の頂は「将軍塚」と呼ばれ、西麓には知恩院や円山公園などが広がっています。

将軍塚と命名された由来は、平安京遷都にあたって都を囲む北・東・西の三方の山に、王城鎮護のため甲冑に身を固めた高さ八尺（約二・五メートル）もある土製の武将像を埋めた塚を造ったことによるそうで、東方にある将軍塚だけが現存しています。

その後、将軍塚は蝦夷征伐で名を馳せた坂上田村麻呂（七五八～八一一年）と結びつけられることとなり、墓所であるとの伝説が誕生しました。田村麻呂は身の丈《たけ》五尺（約一七六センチメートル）、胸板の厚さは一尺二寸（約三六センチメートル）もある堂々とした体躯で、眼は鷹の眼のように青く澄み、黄金の糸を繋いだように光った髭《ひげ》を蓄えていたといいます。歴史上初の征夷大将軍に任じられると、数々の武功をたて、「文」の菅原道真とともに文武のシンボル的存在とされました。弘仁二年（八一一）五月二三日、田村麻呂が没すると、嵯峨天皇は死を悼んで一日中、政《まつりごと》を行わず喪に服したといいます。さらに、「田村麻呂の棺に甲冑・兵仗・剣・鉾・弓箭・糒・塩を納め、都の東に向けて立てよ」との勅命を発して埋葬したと伝えられ、死後も

武将像を埋める準備をしている様子（『京童』）

平安京を守護する守護神とされたのでした。

その後、守護神からの啓示でしょうか、国家に災難が起こりそうなときには将軍塚が鳴動したというのです。たとえば、『保元物語』には東の空に彗星が現れ、将軍塚が鳴動したのち保元の乱（一一五六年）が起こったとあるのを始めとして、『源平盛衰記』には源頼朝が打倒平家を掲げて挙兵する前年の治承三年（一一七九）七月、晴天の空がにわかにかき曇り、人の顔さえみえないほど暗くなったかと思うと、将軍塚が三度鳴動し、空に兵や馬の駆ける音が聞こえたと記されています。その後も、飢饉・洪水・大火などの前兆として「将軍塚鳴動」があったと歴史は伝えています。何とも不思議な現象ですが、守護神・坂上田村麻呂のなせる業なのでしょうか。

将軍塚は山科区厨子奥花鳥町にある天台宗の門跡寺院・青蓮院（東山区粟田口三条坊町）の飛び地境内で、熾《し》盛光《じょうこう》如来を本尊とする大日堂がある。平成二六年（二〇一四）、護摩堂青龍殿が落慶し、奥殿には平安中期の作である国宝「青不動明王二童子像（通称「青不動」）」が安置された。さらに、清水の舞台の四・六倍ある木造大舞台が新設され、京都市内が一望できる新名所となった。

其の八

名建築を尋ねる

55 日本最古の神社建築

宇治上神社

宇治は平安京の南東にあり、喜撰法師が「わが庵《いお》は　都の巽　鹿ぞ住む　世を宇治山と　人はいふなり」と詠んだように鄙《ひな》びた地でしたが、藤原道長の別業《べつごう》（別荘）「宇治殿」が造営され、一躍、脚光を浴びるようになりました。

その宇治の地に流れる宇治川をはさんで、平等院の対岸にあるのが宇治上《うじがみ》神社です。本殿（国宝）は平安時代後期の造営で、神社建築としては現存最古とされているのですが、ユネスコ世界文化遺産に登録されるまでは知る人ぞ知る穴場スポットでした。

本殿は流造《ながれづくり》という形式で、内殿は左殿・中殿・右殿に三分され、応神天皇を中心にして、左右に皇子《みこ》である菟道稚郎子命《うじのわきいらつこのみこと》（左殿）・仁徳天皇（右殿）が祀られています。応神・仁徳両天皇は巨大な前方後円墳に埋葬されていることでも有名ですが、仁徳天皇の異母弟・菟道稚郎子命は馴染みが薄いようです。父帝から寵愛され皇太子にもなっていたのですが、『日本書紀』などによると、父帝の崩御後、争いを避けて兄・仁徳天皇に皇位を譲るため、自ら命を絶った悲運の皇子の美談として描かれています。

さて、この父子三柱《みはしら》を祭神とする宇治上神社には絵画史上、重要文化財にも指定されている

束帯姿

有名な扉絵があります。右殿内陣の扉に描かれた二体の随身像からは、平安時代前期の束帯姿をみることができます。同じ束帯姿でも、私たちが見慣れている源頼朝像のような厳めしいものではなく、柔らかく身体に馴染んだフォルムを呈する「萎装束《なえしょうぞく》」と呼ばれるものです。ちなみに、平安時代後期になると装束に強く糊付けを施すことが流行し、威厳に満ちた直線的なフォルムに変化しました。それは「強装束《こわしょうぞく》」と称され、その代表が源頼朝像なのです。残念ながら、この扉絵は非公開ですが、神社から発行されているパンフレットには掲載されています。

本殿のなかに、こんな秘密の扉絵があるのです。


宇治上神社は宇治市宇治山田に鎮座。『延喜式』（九二七年成立）神名帳では山城国宇治郡に「宇治神社二座」の記載があり、二座は宇治神社・宇治上神社に比定され、平等院建立後は両社ともその鎮守社とされたといわれている。明治以前は宇治上神社は「上社」・「本宮」、宇治神社は「下社」・「若宮」と呼ばれたほか、両社を合わせて「宇治離宮明神（八幡宮）」と総称された。

二〇〇四年、奈良文化財研究所や宇治市などによる年輪年代測定調査において、本殿は一〇六〇年頃のものとされて「現存最古の神社建築」であることが実証された。また、拝殿（国宝）は鎌倉時代前期の造営で、寝殿造の遺構といわれる。

境内にある「桐原水《きりはらすい》」と称される湧き水は、「宇治七名水」のひとつで、唯一現存するものである。

56 極楽浄土の具現

平等院

『源氏物語』「宇治十帖」の舞台である宇治の地は、平安時代の比較的早い時期から貴族の別《べつ》業《ごう》（別荘）が営まれていました。

貞観元年（八五九）、嵯峨天皇の皇子である源融《みなもとのとおる》（河原左大臣とも称された）が営んだ宇治の別業は、たいへん風雅なものであったと伝えられています。その後、陽成天皇（八六八～九四九年）、朱雀天皇（九二三～九五二年）の離宮となり、長徳四年（九九八）には藤原道長が源重信（宇多天皇の皇子敦実《あつみ》親王の五男。九二二～九九五年）夫人から譲り受けて「宇治殿」となりました。

道長の死後は子息・頼通《よりみち》に受け継がれ、仏の教えは残っているものの悟りに至る人もなくなるといわれる「末法」の元年に当たる永承七年（一〇五二）、宇治殿は仏寺に改められました。これが、のちの「平等院」となるのです。

天喜元年（一〇五三）には落慶供養が行われ、翌年には浄土式庭園の阿字池《あじ》の中ノ島の中に東向きに阿弥陀堂（現在の鳳凰堂。左右の翼廊、中堂背後の尾廊とともに「平等院鳳凰堂」として国宝指定）が建立され、定朝《じょうちょう》作の丈六《じょうろく》の阿弥陀如来坐像（国宝、高さ二七七・二センチメートル）が安置されました。鳳凰堂には、ちょうど阿弥陀如来の頭部の高さに設けられた格子の円窓《えんそう》があり、

雲中供養仏（大津・南善坊）

それを開けると、屋外からも面《めん》相《そう》が拝める工夫が凝らされています。

さて、阿弥陀如来の素敵な面相を拝める環境が整う時間帯があります。それは、夕日が西方《さいほう》に沈むころで、円窓の向こうに金色に輝き、半眼《はんがん》に開いた切れ長の眼、柔和な微笑みを蓄えた尊顔が夕日に照らされて、一層、輝いてみえます。

宇治川の東岸や池の東岸からの眺望は、まさに彼岸の世界というべきものではないでしょうか。さらに、御堂の周囲の扉や壁は極彩色で仏典『観無量寿経』に基づく「九品《くぼん》来迎図」が描かれ、天井や柱にも暈綱《うんげん》彩色が施されています。「極楽いぶかしくば、宇治の御堂《みどう》を敬うべし（極楽浄土を知りたいと思ったならば、宇治の御堂を拝めばよい）」との諺《ことわざ》があるように、極楽世界を具現化した壮麗なものです。

平等院は宇治市宇治蓮華にある寺院で、現在は天台宗系の最勝院、浄土宗の浄土院が共同で管理している。鳳凰堂の長押《なげし》上の壁には、笙や笛・篳篥《ひちりき》などの雅楽器を奏で、天衣《てんね》を翻して舞を舞う雲中供養菩薩像（五二体が現存）が配され、阿弥陀如来を取り巻いている。

屋根の上に一対の鳳凰が据えられていることから、江戸時代あたりから「鳳凰堂」と呼ばれるようになり、十円硬貨（鳳凰堂）や一万円紙幣（屋上の鳳凰）のデザインとしても使用されている。

康平四年（一〇六一）には、頼通の長女で後冷泉天皇中宮・寛子（別名・四条宮）によって多宝塔《たほうとう》、治暦二年（一〇六六）には子息・藤原師実によって五大堂、延久五年（一〇七三）には源師房《もろふさ》（村上天皇の孫。頼通の異母妹・尊子の夫）によって不動堂が建立され、藤原氏一門によって法成寺を模範として平等院は整備された。しかし、建武三年（一三三六）、足利尊氏との合戦により、楠木正成は宇治の地に火を放ち、それによって平等院も阿弥陀堂、梵鐘、観音堂を除いてほとんどが焼失してしまい、その後は阿弥陀堂が境内の中心的存在となった。

57 東福の伽藍面《がらんづら》

東福寺

京都には「京都五山」と呼ばれる臨済宗の大寺院がありますが、その規模の大きさには目を見張るものがあります。そのなかでも壮麗な伽藍の広がる東福寺は、後世、「東福の伽藍面」とも揶揄されるほどで、一九年の歳月を費やして三門（仏殿前の門）をはじめとする仏殿《ぶつでん》（本尊を安置する建物）・法堂《はっとう》（講義室）・禅堂（座禅などの修行をする建物）・庫院《くいん》（厨房）・浴室《よくしつ》・東司《とうす》（トイレ）の七堂伽藍を完成させました。

創建の経緯は嘉禎二年（一二三六）、摂政・九条道家（九条兼実の孫。一一九三〜一二五二年）が五丈（約一五メートル）の大釈迦牟尼仏を安置する大寺院の建立を発願したことでした。本尊・大釈迦牟尼仏は二度の火災によって焼失してしまいましたが、後年、現存部分長さ約二メートルもある巨大な仏手《ぶっしゅ》（左手の一部で一三一九年に焼失後、一四世紀半ばに再建されたもの）が発見され、それからも本尊と仏殿の大きさが推測されます。この大寺院を「東福寺」と命名したのは、南都で大勢力を誇った「東大寺」と「興福寺」の「東」と「福」の一字をとって組み合わせ、両寺のように隆盛を極めるようにとの願いを込めたというのですから奮っていますよね。

さて、現在、三門（国宝）・浴室・東司・禅堂などが創建当時そのままに伝えられていますが、

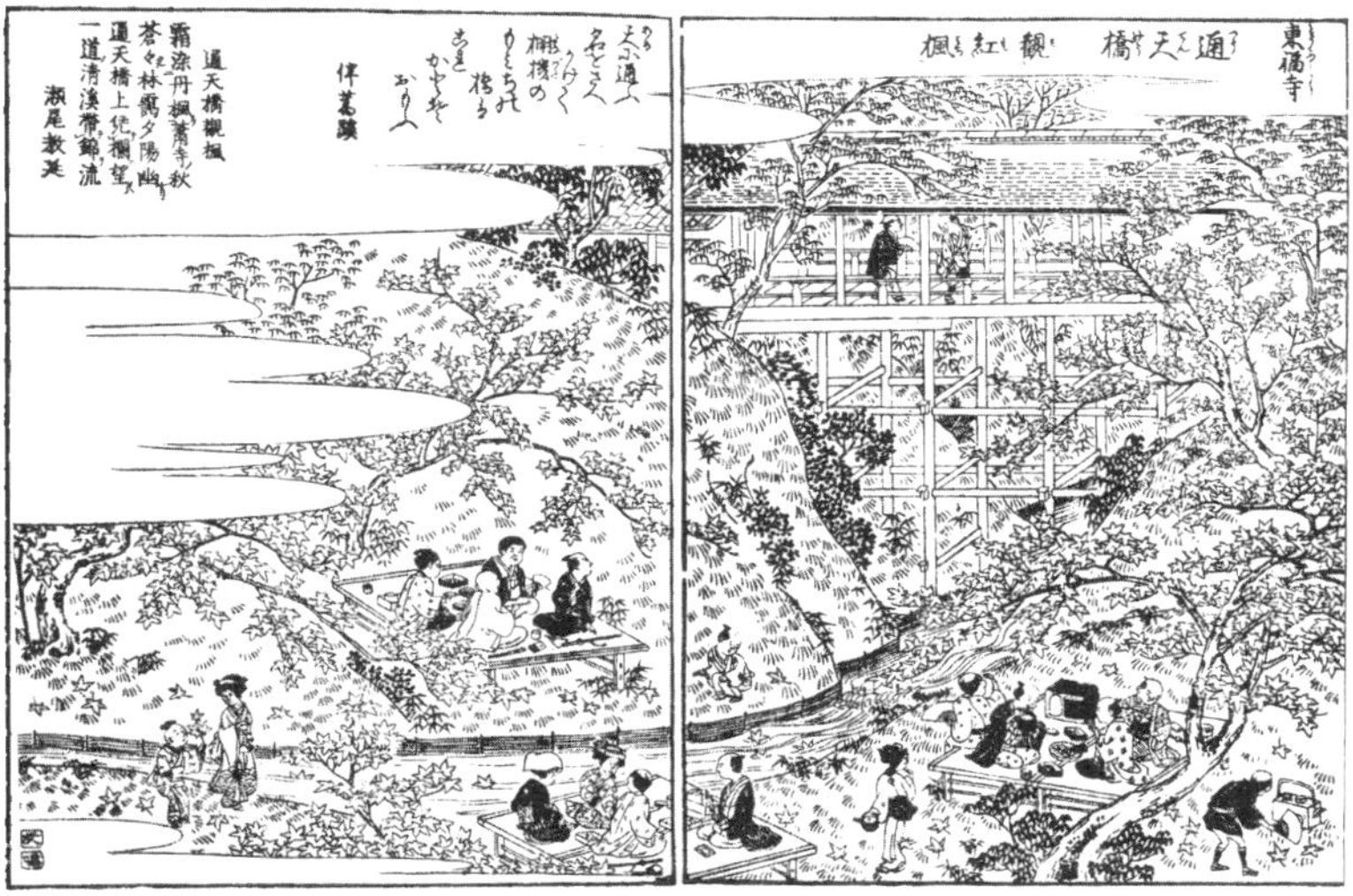

通天橋（『都林泉名勝図会』）

見物は日本最古のトイレである東司です。重要文化財にも指定され、切妻造で間口七間（約二七メートル）、奥行も四間（約一〇メートル）もある巨大なもので、間口が七間あることから「七間《しちけん》東司《とうす》」と通称される大規模トイレです。また、一度に多くの修行僧が用をたすことができることから「百雪隠《せっちん》」（雪隠＝トイレ）とも呼ばれ、内部は床一面が土間で、中央の通路をはさんで左右に二六個ずつの陶製の壺が一列に並んでいるだけで、仕切りや壁もない、開放的なものです。

しかし、禅寺のことですから、用便に際しても作法が定められているといいます。坐禅修行をする僧堂と並んで、浴室と東司は一切の私語を禁じる場所として定められているそうです。この三ヶ所は「三黙道場《さんもくどうじょう》」と称し、入浴も用便も坐禅と同じく、修行の一環として重視されているそうです。いかに修行とはいっても個室にしてほしいと思うのは、凡人の考えでしょうか。

東福寺は東山区本町にある臨済宗東福寺派大本山。本尊は釈迦如来。円爾弁円を開山とする天台・真言・禅の三宗兼学の寺院であったが、のちに禅寺となり、元中二年（一三八五）、京都五山の第四位に列せられた。明治一四年（一八八一）の大火災によって、応永年間（一三九四～一四二八年）の建立といわれる山門、室町期の僧堂・東司などを除いて、伽藍の大部分が焼失してしまった。

境内は紅葉の名所として名高く、開山の聖一《しょういち》国師が宋から持ち帰ったと伝えられる葉先が三つに分かれた「唐楓《とうかえで》」が植えられている。渓谷・洗玉澗《せんぎょくかん》に架けられた通天橋《つうてんきょう》は、天授六年（一三八〇）、谷を渡る僧侶の労苦を救うために禅僧の春屋妙葩《しゅんおくみょうは》が設けたという。

58 禅寺の法堂で雲龍を観る

相国寺

鎌倉時代に道元や栄西によって伝えられた禅宗の建築物は、中国様式を導入した「禅宗様」と呼ばれ、細部のデザインにも異国風が採用されました。

たとえば、住持が法門を講演する法堂《はっとう》の天井に注目してみると、そこには雲中の龍、つまり「雲龍」が円相の中に描かれています。龍は平安京造営にあたっては「青龍」として東の方角を守護する霊獣であるばかりでなく、仏教においては仏法を守護する八部衆の一つとされています。大海や地底に住し、雲雨を自由自在に操る霊力を持つとされ、法堂に描かれた雲龍は「法の雨（仏法の教え）」を降らすという意味や、龍神が水を司ることから火災から守るという意味が込められているといわれています。

さて、臨済宗京都五山のひとつである相国寺《しょうこくじ》には、狩野光信（一五六一～一六〇八年。一説に一五六五～一六〇八年ともいわれる）作の「蟠龍図《ばんりゅう》」と呼ばれる雲龍図があり、直径九メートルにも及ぶ大きなものです。慶長一〇年（一六〇五）、法堂再建に際して描かれたもので、円相内には龍、円相外に雲を描き、江戸時代以降のものが円相内に雲と龍を合わせて描いている点と大きく異なっています。堂内中央あたりで手を打つとカラカラと共鳴音が返ってくるため、

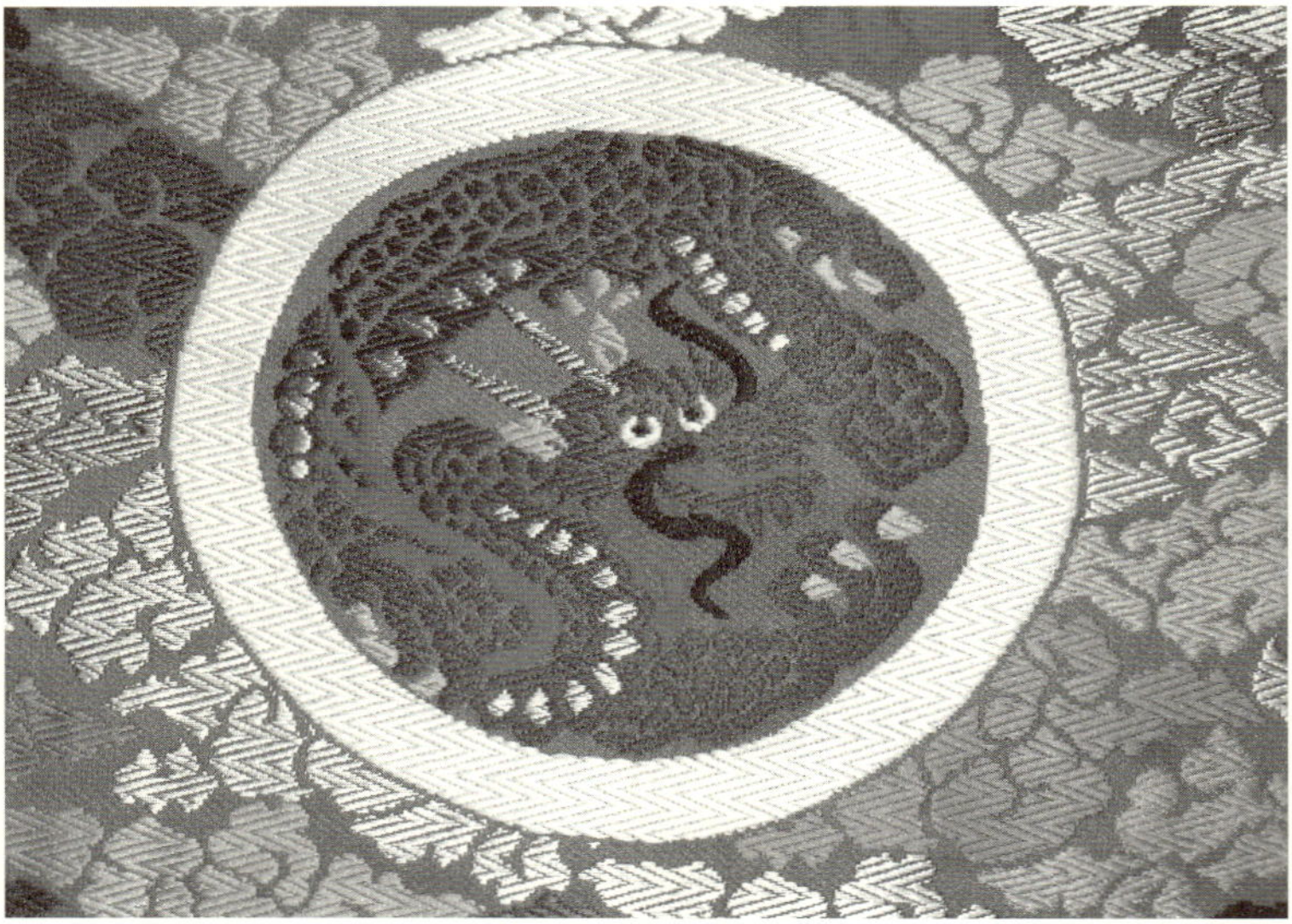

舞楽装束に表現された雲龍

「鳴き龍」とも称されています。

さらに、大徳寺法堂は寛永一三年（一六三六）、小田原城主稲葉正勝の遺志によって、子息・正則が建立したものですが、天井の雲龍図は狩《か》野《のう》探《たん》幽《ゆう》（狩野永徳の孫で、一六一七年に幕府御用絵師となる。一六〇二〜一六七四年）三五歳の作で、円相の中の雲間から現れた龍は、立派な角、鋭く長い爪をたて、眼孔を見開き、地上をにらみつけるように描かれています。わずかに湾曲をもったドーム状の天井に描かれているため、堂内の敷瓦の土間で手を叩くと、龍の鳴き声かと感じさせるズゥーンというような音がすることから、相国寺同様

「鳴き龍」とも呼ばれています。この雲龍図を描いてから二〇年後、探幽五五歳の作と伝えられる雲龍図が妙心寺法堂にあります。ある位置からみれば、龍は天上高く舞い昇るようであり、また、違った位置からみると雲間を突き破って舞い降りてくるようでもある龍の眼《まなこ》は三六〇度、すべての方向を睨んでいるようにみえることから、通称「八方睨みの龍」といわれています。構想を練るのに三年、製作に五年、都合八年の歳月を費やして完成させた渾身の作であるといわれています。

このほか、南禅寺には今尾景年（一八四五～一九二四年）、東福寺には堂本印象（一八九一～一九七五年。「蒼龍図」と称し、わずか一七日で完成させた）、天龍寺には加山又造（一九二七～二〇〇四年）がそれぞれ絵筆を奮った力強い雲龍が法堂の天井を彩っています。京都の禅寺を巡って、「雲龍図」を観賞するのもおもしろいのではないでしょうか。

相国寺は上京区今出川通り烏丸東入ル相国寺門前町にある臨済宗相国寺派大本山。本尊は釈迦如来。正式には萬年山《まんねんざん》相国《しょうこく》承天《じょうてん》禅寺《ぜんじ》という。室町幕府三代将軍足利義満が永徳二年（一三八二）に室町幕府東側の地に創建したのが始まりで、当時、義満が左大臣の地位にあり、左大臣の唐名を「相国」ということから寺号を相国寺とした。相国寺は五山文化の中心的存在であり、画僧周文や雪舟を輩出した。七層の宝塔をはじめ壮大な堂塔伽藍は度重なる災禍によって焼失し、現存の伽藍は文化年間に再建されたものである。境内には足利義政・義尚、藤原定家）・藤原惺窩《せいか》・伊藤若冲の墓所がある。

59 趣向に富む大徳の茶面《ちゃづら》

大徳寺

アニメ「一休さん」は、一九七五年一〇月から一九八二年六月までテレビ放映された中央児童福祉審議会推薦番組でした。一休禅師（宗純。一三九四～一四八一年）の子供時代の説話『一休咄《ばなし》』を元にして作られ、「什麼生《そもさん》」、「説破《せっぱ》」と禅問答の専門用語も出てきましたが、トンチ話が面白く描かれ、子供ばかりか大人も親しみを感じる存在でした。

さて、本物の一休禅師はなかなか破天荒な人物だったようで、正月に髑髏《どくろ》を頭につけた杖をついて「ご用心　ご用心」と叫びながら歩いたり、僧侶にはあるまじき肉食《にくじき》妻帯をしたなど奇行ともいえる振る舞いが語り継がれています。

しかし、文明六年（一四七四）には、後土御門《ごつちみかど》天皇の勅命によって大徳寺の住持に任じられ、応仁の乱や火災によって荒廃していた伽藍の再興に力を尽くしました。

さて、後世、大徳寺は「大徳の茶面」と称されるほど茶の湯と深い繋がりを持ちますが、村田珠光《じゅこう》（一四二二～一五〇二年）が一休禅師に参禅したことが始まりのようです。珠光は坐禅によって「茶禅一味《さぜんいちみ》（茶も禅も求めるものは同じである）」の悟りに達したといわれ、簡素静寂を重んじる侘び茶を創始しました。また、『南方録』に「四畳半の座敷は珠光が考案したもので、正式な座敷である」と記されているように、今日、茶室の定式となっている四畳半の茶室を創出しました。

侘び茶を大成させた千利休も大徳寺塔頭《たっちゅう》聚光院《じゅこういん》の開祖・笑嶺宗訢《しょうれいそうきん》に参禅し、茶の湯の道に精進したようです。

こうして大徳寺の塔頭《たっちゅう》には、さまざまな趣向を凝らした茶室が造られるようになりました。侘び茶の茶室は日本建築のなかでも特異な存在ですが、今日の建築物では当たり前となっている「窓」の存在は茶室建築によって誕生したものです。それ以前は「窓」がなく、採光には苦心していましたが、「窓」を造ることによって解消したのですね。

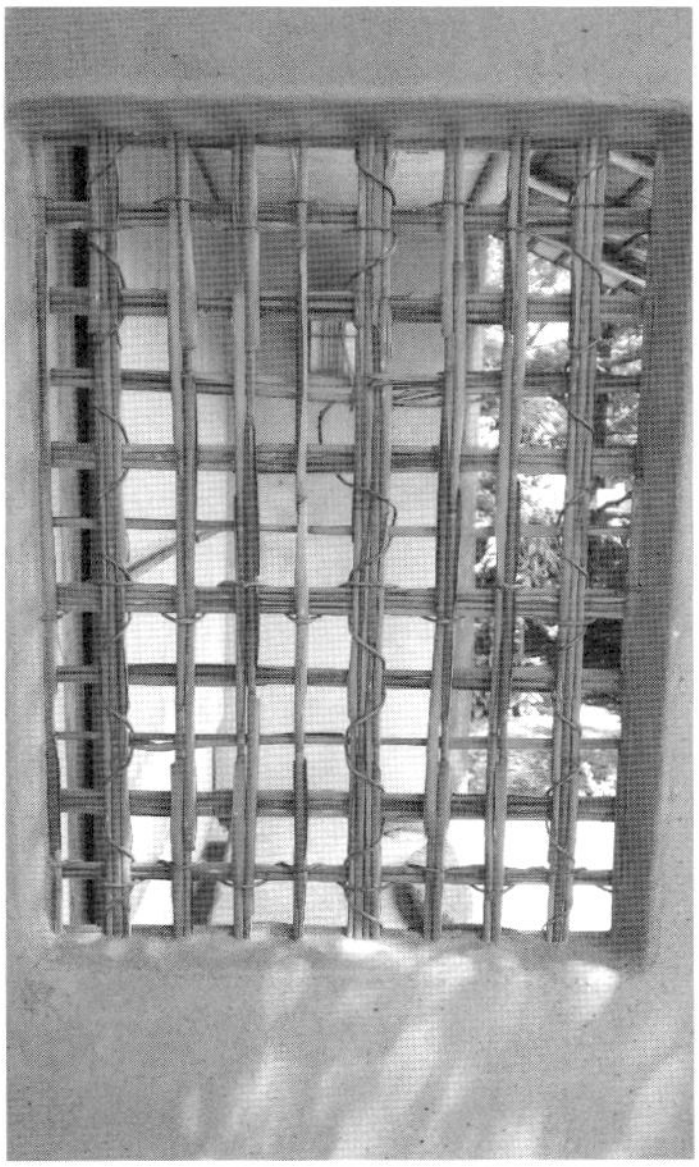

茶室にみる下地窓

大徳寺は北区紫野大徳寺町にある臨済宗大徳寺派大本山。本尊は釈迦如来。開基は大燈国師宗峰妙超《しゅうほうみょうちょう》で、正中二年（一三二五）に正式に創建され、境内には仏殿や法堂をはじめとする中心伽藍のほか、二〇ヶ寺を超える塔頭が立ち並び、近世寺院の雰囲気を残している。大徳寺は多くの名僧を輩出し、日本の文化に多大な影響を与え続けた。本坊および塔頭寺院には、建造物・庭園・障壁画・茶道具・中国伝来の書画など、多くの文化財が残されている。

なお、大徳寺本坊は一般には非公開だが、龍源院・瑞峰院・大仙院・高桐院の四ヶ寺は常時拝観可能。さらに、黄梅院・真珠庵・聚光院・総見院・芳春院・興臨院・孤篷庵などは秋などに期日を限って特別公開される場合がある。

＊大徳寺茶室めぐり

黄梅院《おうばいいん》	昨夢軒《さくむけん》	武野紹鷗《じょうおう》好みと伝わる四畳半の茶室。現在、書院「自休軒《じきゅうけん》」に組み込まれているが、元は独立した建物で境内東南側にあり、書院建立時に移築されたという。
高桐院《こうとういん》	松向軒《しょうこうけん》	本堂の北にある書院「意北軒《いほくけん》」に続く茶室で、北野大茶湯の際に影《よう》向《ごう》の松のそばに細川忠興（三斎ともいう）が作った茶室「松向庵」を移築したものといわれている。二畳台目の茶室に三畳の水屋が敷設されている。壁は茶室には珍しい黒壁となっている。

寺院	茶室	解説
玉林院《ぎょくりんいん》	蓑庵《さあん》《重文》	寛保二年（一七四二）、大坂の両替商鴻池了瑛（江戸時代の代表的豪商の一つである鴻池家四代目。名は宗貞といい、表千家七代如心斎宗左に師事した茶人。一六九〇～一七四五年）が、祖先山中鹿介の位牌堂として建立した南明《なんめい》庵《あん》に付属して造られた茶室。「霞床席《かすみどこせき》」と連繫して茶事の形式で仏事ができるように工夫されている。切妻造、柿葺《こけらぶき》、庇《ひさし》付。三畳中板入、下座床。
孤篷庵《こほうあん》	山雲床《さんうんじょう》	慶長一三年（一六〇八）、江月宗玩《こうげつそうがん》を開基として小堀遠州が建立した孤篷庵が寛政五年（一七九三）に焼失し、寛政一二年（一八〇〇）に再建された際、書院「直入軒《じきにゅうけん》」に付設された茶室。再建は近衛家や松平不昧《ふまい》（出雲松江藩藩主。石州流の伊佐幸琢に学び、不昧流と呼ばれる茶風を創始する。名物茶器を研究した『古今名物類聚』を著す。一七五一～一八一八年）らの援助によるものである。四畳半台目。下座床。墨跡窓あり。
	忘筌《ぼうせん》《重文》	孤篷庵焼失後、近衛家や松平不昧の援助によって寛政九年（一七九七）に再建された。八畳、一間床、点前座一畳、さらに三畳を加えた一二畳敷。砂摺天井。高欄付広縁、落縁の構成。縁先の下方を吹抜き、手水鉢と低い石灯籠を配している。
三玄院	篁庵《こうあん》	元は藪内剣仲《やぶのうちけんちゅう》が古田織部から贈られた茶室「燕庵《えんなん》」を真似て、文政八年（一八二五）、西本願寺に建てられたもので、明治に入って三玄院に移築された。移築に際して、茅葺き屋根が瓦葺きに改められたほかは、ほとんど創建当時の旧態を伝えている。三畳台目。

聚光院	閑隠席《かんいんせき》《重文》	寛保元年（一七四一）、利休一五〇回忌に際し、千家の寄贈により造立された。切妻造、柿葺の書院に造り込まれ、前面に庇を付け下す。三畳敷、下座床。
	桝床席《ますどこせき》《重文》	閑隠席と同じ建物内、水屋を隔てて東側にある茶室で、枡形（正方形）の踏込床があるため桝床席と呼ばれる。桝床は表千家六代・覚々斎原叟の好みと伝わる。
真珠庵	庭玉軒《ていぎょくけん》	真珠庵に付属する書院通僊院《つうせんいん》（正親町《おおぎまち》天皇の女御の化粧殿を移植したと伝えられる）に接続する茶室。切妻造、柿葺、庇付。二畳台目、下座床。金森宗和好みと伝えられる。

60 金箔が剥げ落ちても優美な佇まい

金閣寺

昭和二五年（一九五〇）七月二日未明、金閣は炎上し、跡形もなく灰燼に帰しました。この事件は、後日、三島由紀夫の長編小説『金閣寺』のモチーフともなり、主人公の学僧は金閣の美に取り憑かれて放火にいたったということになっていますが、この時、すでに金箔の跡が認められないほど外観は簡素なものになっていたそうです。五年後に再建された金閣は、往時をしのばせる金色《こんじき》に美しく耀くものとなりました。

さて、金閣は正式には舎利殿《しゃりでん》と称し、三層宝形造《ほうぎょうづくり》（隅棟《すみむね》が中央に集まる屋根形式）、初層は寝殿造（法水院《ほっすいいん》）、二層目書院造風（潮音洞《ちょうおんどう》）、三層目は禅宗様の仏殿風（究竟頂《くっきょうちょう》）と、異なる建築様式を持ち、初層以外は漆地に金箔が施されていました。創建当時、金閣の周囲には天鏡閣や護摩堂などが配置され、金閣と天鏡閣は二層の廊でつながり、それを渡ると空中を歩いているようであったといわれています。

江戸時代にいたって、いわゆる文化人たちは京都を訪れているあいだ中、寺社仏閣の観光に余念がありませんでした。たとえば、寛文四年（一六六四）四月、京を訪れた江戸の国学者石《いし》出常軒《でじょうけん》は『所歴日記』に「俗に金閣寺と云《いう》」と記し、金閣の呼称が広まっていたことをうか

鳳凰（舞楽装束）

がわせています。さらに、享保二〇年（一七三五）閏三月、薩摩から京に上ってきた狩野派の絵師・木村探元《たんげん》（一六七九～一七六七年）は「金閣は言葉にならないほど美しい」と『京日記』に書き留め、驚嘆の声を上げています。

　しかしながら、寛政元年（一七八九）三月に訪れた司馬《しば》江漢《こうかん》（一七四七～一八一八年）は『江漢西遊日記』に、「金閣寺に行った。十人で銀二匁（約三千円）を出して見物した。三階は究竟頂といった。池には色々な名石があった。天井画は古《いにしえ》の法眼が描いたといわれているが、ハッキリとみえない。柱の隅みをみると金箔が少し残っているだけである」と綴っており、金箔はすっかり剥げ落ち、損傷が目立つようになっていたようです。

かなり高額の拝観料を支払ったわりには不満は漏らしていませんから、金箔の耀きを失っても、往時をしのばせる優美な佇まいだったのでしょう。

ちなみに、剥落が目立つようになったため、昭和六一年（一九八六）から一年八ヶ月かけて従来の〇・一ミクロンから五倍の厚さの金箔に張り替える大修復工事が行われました。金閣の屋頂に南向きに立つ金色に輝く鳳凰は、現在四代目ですが、初代のものは創建時、唯一の遺品として相国寺に保管されています。

金閣寺は北区金閣寺町にある相国寺の境外塔頭のひとつ。正しくは鹿苑寺《ろくおんじ》という。元は西園寺公経《さいおんじきんつね》（一一七一～一二四四年）の別業を室町幕府三代将軍・足利義満（一三五八～一四〇八年）が譲り受け、造営した山荘北山殿が始まりとされる。現在の建物多くは、延宝年間（一六三七～一六八二年）に再建されたものである。安民沢《あんみんたく》と呼ばれる池は西園寺家別業時の遺跡の一つで、池の中ノ島にある石塔は「白蛇の塚」と称され、西園寺家の鎮守と伝えられている。安民沢に続く小道にある石段は「虎渓橋《こけいきょう》」、両脇の仕切の竹垣は「金閣寺垣」といい、世に名高い。金閣が建つ鏡湖池《きょうこち》は池泉回遊式庭園として造園され、池中には日本列島を象った葦原島《あしはらじま》をはじめとする大小さまざまな島がある。また、方丈北側にある帆掛け船の形をした「陸舟《りくしゅう》の松」の古木は「京都三松（鹿苑寺・宝泉院・善峰寺）」の一つに数えられている。八月一六日には金閣寺後方の大北山に「左大文字」が灯され、鏡湖池の水面に映る送り火は幻想的である。

61 足利義政が希求した生活

銀閣寺

足利義満が北山山荘（金閣）を営んでから、およそ九〇年、文明一四年（一四八二）二月、孫の八代将軍・足利義政（一四三六～一四九〇年）は東山・月待山《つきまちやま》の麓・浄土寺跡に東山山荘（銀閣）の造営に着手しました。

翌年六月には日常の生活を営む常御所《つねのごしょ》が完成し、義政はすぐさま移り住み、造営の指揮を執り、西指庵《さいしあん》、超然亭《ちょうねんてい》、仏堂（東求堂《とうぐどう》）のほか、文芸や遊芸、接客などの交流のために用いられる住空間としての会所《かいしょ》、泉殿《いずみどの》を完成させました。とくに作庭には熱心で、庭師・善阿弥を重用し、室町殿（花の御所）や金閣寺からは庭石、等持院からは松、東寺からは蓮を運ばせて移植したと伝えられています。この山荘の中心であり、後世、「銀閣」と称される観音堂が上棟するのは八ヶ年後の長享三年（一四八九）のことで、義政は完成を待たず、着工の翌年にはこの世を去ってしまいました。

東山山荘着工前の都では餓死者で賀茂川の流れが堰き止められたという寛正の大飢饉（一四六一年）、六年後には応仁の乱（一四六七～七七年）が起こり、目も覆わんばかりの荒廃ぶりで、経済的にも疲弊していました。にも関わらず、義政は庶民から段銭《たんせん》と称する臨時税を徴収

銀閣寺　（『都名所図会』）

し、夫役《ぶやく》（労役）まで課して山荘の造営を実行したのです。何故このような状況のもと、贅沢三昧ともいわれかねない山荘の着工に踏み切ったのでしょうか。それは、血で血を洗うような骨肉の争いから逃れ、「和歌に詠じ、月に酔い、花に坐す」心の平安を追い求めたからではないでしょうか。

さて、観音堂が「銀閣」と呼ばれるようになったのは江戸時代のことで、『洛陽名所集』（一六五八年）に「銀閣寺ともいう。北山にある金閣をまねたものである」と記されています。金閣のどこをまねたのでしょう。銀箔を貼っていたのでしょうか。

本居宣長は『在京日記』のなかで「庭を過て銀閣に登った。この閣は潮音閣《ちょうおんかく》と名付けられている。銀閣とは名ばかりで、銀箔が残っているところは少しもない」と、銀箔が貼られていたように書き綴っています。実は、元から銀箔は貼られていなかったのです。二〇〇七年からの調査で、観音堂の外壁に明礬《みょうばん》を混ぜた白土《はくど》が塗られていたことが明らかになりました。つまり、白土は月光によって、銀色と見紛うほど美しく輝いていたのでした。

銀閣寺は左京区浄土寺銀閣寺町にある相国寺の境外塔頭のひとつで、正式には慈照寺《じしょうじ》という。義政の死後すぐさま、夢窓疎石《むそうそせき》を勧請開山として禅寺となり、義政の法号に因んで東山《とうざん》慈照寺と命名された。永禄元年（一五五八）の兵火によって多くの建築物を失い、東山殿当時の遺構は観音堂と東求堂《とうぐどう》のみを残すだけと荒廃を極めた。観音堂は錦鏡池《きんきょうち》畔に東面して建ち、柿葺宝形造、二層の楼閣で上層は「潮音閣」、下層は「心空殿《しんくうでん》」と呼ぶ。屋根に鳳凰をのせた意匠は、金閣寺と同様である。

庭園は足利義政自らが作庭を指示したという池泉回遊式庭園。総門から中門にいたる石垣の上には、竹垣が一直線に連なる「銀閣寺垣」が続いている。また、本堂の前には段形に盛り上げた「銀沙灘《ぎんしゃだん》」と円錐形の「向月台」がある。さらに、方丈から東求堂に渡るあいだには「袈裟型手水鉢」、義政が茶の湯に用いたという「お茶の井」という湧き水などがある。八月一六日には、銀閣寺後方の大文字山に五山の送り火のひとつ「大文字」が灯される。

62 京の名三閣のひとつ、飛雲閣

西本願寺

京都の玄関口・京都駅前にそびえる京都タワーは「本願寺さんのローソク」ともいわれています。実はその通りで、すぐ近くに東・西本願寺の広大な境内が広がっています。

西本願寺の境内には桃山文化の代表作ともいわれる豪華絢爛な装飾を施した唐門・御影堂《みえどう》・阿弥陀堂などが立ち並び、さらには江戸時代の三大庭園のひとつで「虎渓《こけい》の庭」と称される枯《かれ》山水《さんすい》の名庭が築かれています。

さて、境内南東隅にある庭園・滴翠園《てきすいえん》には、滄浪池《そうろうち》に面して建てられた三層柿葺《こけらぶき》の瀟洒な楼閣「飛雲閣《ひうんかく》」があります。飛雲閣は金閣（鹿苑寺）、銀閣（慈照寺）と並んで「京の三名閣」（ともに国宝）と称され、金閣・銀閣と比べても、より面白味のある趣向が凝らされているともいえます。

その第一は金閣も池の畔に建っていますが、飛雲閣には「舟入之間《ふないりのま》」と呼ぶ空間があり、池に舟を漕ぎ出し、舟から直接楼内に入ることができます。滄浪池は、さほど大きな池ではありませんが、遠目に飛雲閣を仰ぎ見て、異空間へ誘うという演出といえるのではないでしょうか。

第二に外観の妙味です。それは左右非対称であるということで、屋根の構造にしても初層は

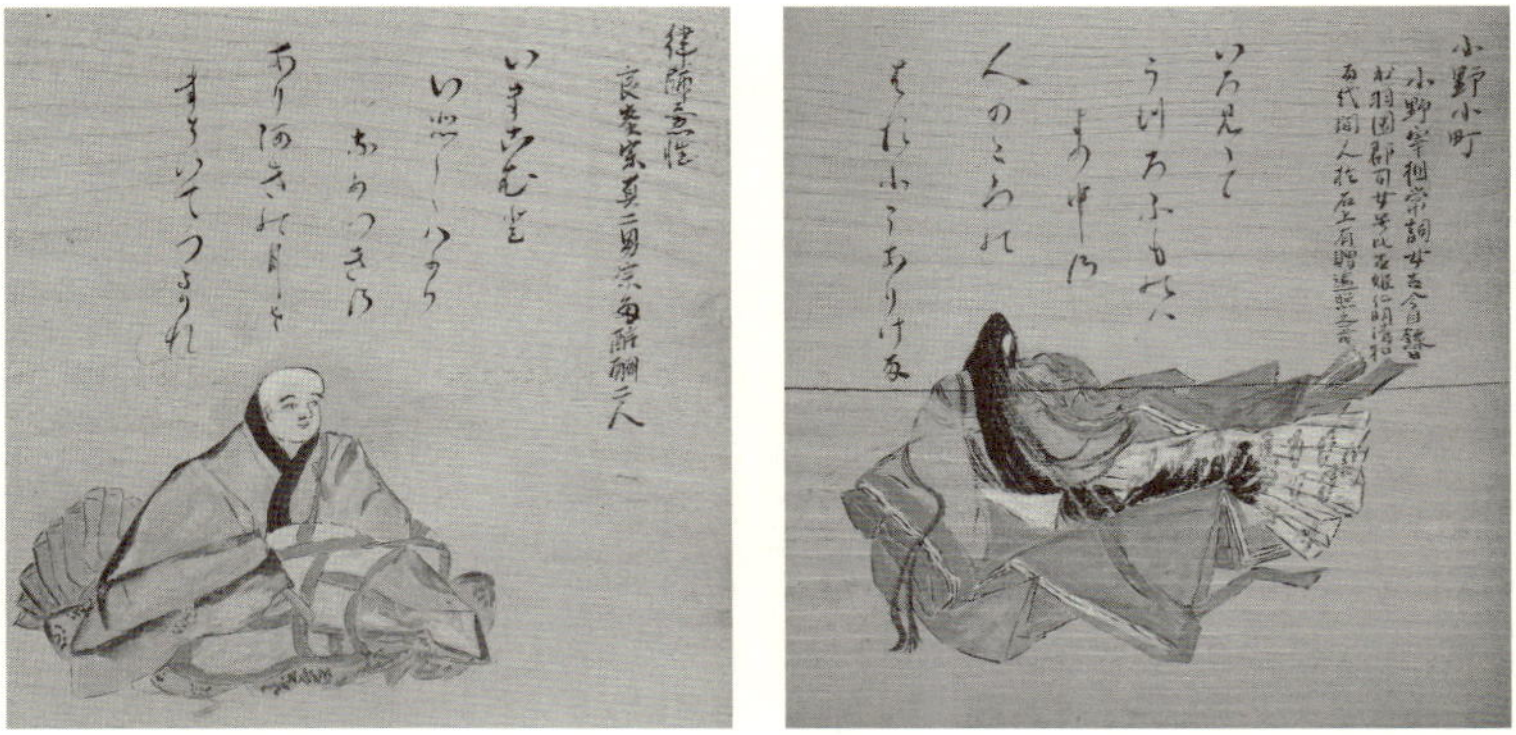

三十六歌仙　素性法師と小野小町（京都・法傳寺）

入母屋造と唐破風《からはふ》が左右、二層目は千鳥破風、三層目は宝形《ほうぎょう》造という ように、変化に富んだ屋根形式が複雑に組み合わされ、不規則ななかに、巧みに調和が保たれています。また、初層から上層にいたるに従って規模が小さくなっていくのですが、三層目は二層目の右上にチョコンとのった「摘星楼《てきせいろう》」で、展望室だったといいます。飛雲閣は豊臣秀吉が築いた聚楽第《じゅらくだい》の遺構とも伝えられていますが、もしそうだとしたら、摘星楼から洛中のどこまで見渡せたのでしょうか。

第三はもちろん、室内の意匠です。初層には「招賢《しょうけん》の間」、中国の山水画の伝統的なテーマである瀟湘《しょうしょう》八《はっ》景《けい》に由来する「八景の間」からなり、後世、増築された茶室「憶昔《いくじゃく》」があります。二層目は小野小町や在原業平などの三十六歌仙に因む「歌仙の間」があります。歌人の肖像画は室内だけでなく、外側の杉戸の一枚、一枚にも描かれています。

近年の修復工事によって、二層外側の杉戸には三十六歌仙の歌人が色鮮やかに再現されました。往時も屋外から屋内の意匠を想起させた「演出の妙」には驚かされます。

飛雲閣は原則非公開ですが、外観のみ期日を限って特別公開されています。また、毎年五月二一日の宗祖降誕会に際しては、室内に茶席が設けられています。

西本願寺は下京区堀川花屋町下ル本願寺門前町にある浄土真宗本願寺派の本山。現在の地に堂舎を築いたのは天正一九年（一五九一）のことで、翌年、御影堂《みえどう》が完成した。しかし、慶長元年（一五九六）の大地震で諸堂が倒壊し、元和三年（一六一七）の失火により阿弥陀堂・御影堂などを焼失したが、その後、次第に伽藍が整備された。御影堂をはじめ、阿弥陀堂・対面所・白書院・北能舞台（現存する最古のもの）・黒書院・唐文など、国宝建造物が多く、室内の障壁画は狩野派の絵師渡辺了慶筆である。なお、飛雲閣には黄鶴台《おうかくだい》と呼ばれる蒸し風呂の遺構が付属している。

63

大政奉還の場となった京都唯一の城

二条城

京都にはユネスコ世界文化遺産として一七ヶ所の文化財が登録されていますが、一ヶ所だけ神社仏閣でないものがあります。それは徳川家康の京の宿所として、慶長八年（一六〇三）に落成した二条城で、入母屋造《いりもや》、柿葺《こけらぶき》の御殿が雁行《がんこう》（鍵型にギザギザする様子）する築城当時の姿は『洛中洛外図屏風』（池田本および勝興寺本）から垣間見ることができます。

寛永元年（一六二四）には後水尾天皇（一五九六～一六八〇年）の行幸に備えて、小堀遠州・五味豊直を作事奉行（幕府関係の建築物の造営・修繕などの統括者）として大改修がはじまり、寛永三年（一六二六）九月六日から五日間にわたった行幸では、舞楽をはじめ、能楽・蹴鞠・和歌の会などが催されたほか、天皇は二度も天守に登り、京の町並みを眺望し、楽しんだと伝えられています。

この大改修によって狩野探幽《かのうたんゆう》指揮のもと、狩野派絵師集団が渾身の筆遣いで室内装飾を行ったのです。画面一面に金箔を貼りつめた上に群青《ぐんじょう》・緑青《ろくしょう》・白緑《びゃくろく》・朱など濃彩を用いて盛り上げ彩色を行う「金碧《きんぺき》濃彩画」は、目を奪う大パノラマを展開しています。たとえば、将軍が諸大名と対面した「大広間」は二の丸御殿のなかで最も格式を重んじた場所で、将軍の御座《ぎょざ》である

牡丹

上段の間から下段の間、三の間にいたる三間は探幽自ら筆を執り、松を主題とする障壁画で彩られています。その松は襖《ふすま》だけにとどまらず、長押《なげし》上の小壁にまで枝を伸ばした大木で、ところどころに金《きん》鶏鳥・孔雀・牡丹などを配して変化をつけた大胆、かつ格調高いものとなっています。さらに、違い棚の貼付壁は青々とした竹が描かれ、常緑の松と竹によって強い生命力を表現しています。

奇しくも、慶応三年（一八六七）一〇月、この大広間において大政奉還が行われ、徳川幕府の繁栄と終焉が同じ場であったことは感慨深いものがあります。

二条城は中京区二条通堀川西入二条城町にある、江戸時代に造営された平城である。足利氏、織田氏、豊臣氏、徳川氏によるものがあるが、現存するのは徳川氏によるものである。近代においては京都府の府庁や皇室の離宮として使用されたことから元離宮二条城とも称され、現在は京都市元離宮二条城事務所が所管している。城内全体が国の史跡に指定されているほか、二の丸御殿の遠侍《とおざむらい》および車寄・式台・大広間・蘇鉄《そてつ》之間・黒書院・白書院の六棟が国宝に指定されているほか、二二棟の建造物と二の丸御殿の障壁画一〇一六面が重要文化財、二の丸御殿庭園が特別名勝とされている。

其の九

庭園に世の理を観る

64 苔むす池泉回遊式庭園は悟りを表す

西芳寺

平安の昔から男性貴族たちは自邸の庭園造りに余念がなく、藤原頼通の子息・橘俊綱（一〇二八～一〇九四年）が記したといわれる『作庭記《さくていき》』は最古の造園指南書であるといわれています。この時代の庭園には大きな池が配され、龍頭鷁首《りゅうとうげきす》の船を浮かべて船遊びを楽しんだそうです。

庭園に池を設ける庭作りは、その後も受け継がれましたが、室町時代になると池の周囲に園路を巡らせ、園内をそぞろ歩きできる「池泉《ちせん》回遊式庭園」に変化しました。散策しながらの庭園観賞を目的としたため、築山や池中の小島、橋、名石で景勝を再現し、散策中に休憩したり、庭園を眺望するための茶亭《ちゃてい》や東屋《あずまや》が造られるなど、さまざまな趣向が凝らされました。

さて、池泉回遊式庭園の代表例として、夢窓疎石《むそうそせき》（一二七五～一三五一年。天龍寺曹源池《そうげんち》庭園も手掛ける）が築いたと伝えられる西芳寺の庭園があります。造園当時の様子について『天竜寺開山夢窻正覚心普斎国師年譜』暦応二年（一三三九）夏四月の条に、「堂舎や僧房の周囲には回廊があり、その下には遣水《やりみず》が流れ、坐禅して悟りを観ずる趣《おもむき》を備えている。池に注がれる水は、玉を洗うが如く滑らかな流れである。池庭には白砂の島が作られ、怪松名木が植えられている。

苔むす自然石の手水鉢

池庭で船遊びをすれば、水面に影を落とした殿舎は絶景であり、到底、人間業《わざ》とは思えぬ美しさである」と記されているように、庭の美しい趣は悟りへと導く坐禅を組む環境としても最適であったようです。現在、庭園の中心である黄金池と称される池の中にある霞《かすみ》形の島は、元は白砂の島であったことが分かります。汀《みぎわ》には釈迦如来・文殊《もんじゅ》菩薩・普賢《ふげん》菩薩の三尊を表現する「三尊石」が並び、中国の禅書『碧巌録《へきがんろく》』にちなんで湘南《しょうなん》亭《てい》（重文）、潭北亭《たんぼくてい》の茶室があります。

庭園は五〇余種にもおよぶ豊かな緑苔に覆われ、比類なき苔庭の美しさを表現しているところから「苔寺」とも称されています。ともあれ、禅寺の庭は美しさの中に禅の思想が表現されているのですから、その神髄を理解するのは容易なことではありませんね。

西芳寺は西京区松尾にある臨済宗天竜寺の境外塔頭。本尊は阿弥陀如来。行基が建立した九院のひとつと伝えられ、はじめは西方教院と称した。建久年間（一一九〇～一一九八年）、中原師員《なかはらのもろかず》が堂舎を修復して西方寺と穢土寺の二寺に分かち浄土宗に改めた。穢土寺には枯山水の庭園が築かれていたようで洪隠山《こういんざん》山麓を利用した三段の枯滝の石組が残っている。疎石は『楞伽経《りょうがきょう》』の説く草窟の行道場に至る山路に見たてたのではないかとも考えられ、この豪快な「洪隠山石組」は日本最古の禅宗庭園の石組といわれている。現在、西芳寺に広がる緑苔の庭園は史跡・特別名勝に指定され、天龍寺・南禅寺と並んで三名勝庭園のひとつに数えられている。

65 石庭で大自然を感じる

龍安寺

室町時代、池泉回遊式庭園の誕生とともに、まったく水を使用しない「枯山水《かれさんすい》」と呼ばれる庭園様式が登場しました。小石や白砂を敷き詰めることによって水面を表したり、橋が架っていると、その下には水がなくても当然、水が流れているであろうというように、本物の水を想像させる工夫がなされました。このように小石や白砂を水になぞらえた「見立て」の技法は、日本庭園独自の抽象的な表現といわれています。

枯山水の庭は、もとは池泉回遊式庭園に含まれていたともいわれますが、禅寺で用いられるようになってからは独立して造園されるようになりました。さらに、池泉回遊式庭園は池に注ぐ遣水《やりみず》によって河川などから水を引き込まなければなりませんが、枯山水の庭園にはその必要はなく、庭園の立地条件は大きく広がったといえます。

さて、枯山水庭園のなかで異彩を放っているのが、龍安寺《りょうあんじ》方丈《ほうじょう》前にある石庭《せきてい》でしょう。三方を湯土塀《ゆどべい》（赤土に菜種油を混ぜて作った土塀）で囲んだ庭は白砂を敷き詰め、大小一五個の自然石だけを配置したものですが、それらをすべてを一望できる場所はないといわれています。

一九七五年、石庭を観賞したエリザベス女王が絶賛したことから、「ロック・ガーデン」の

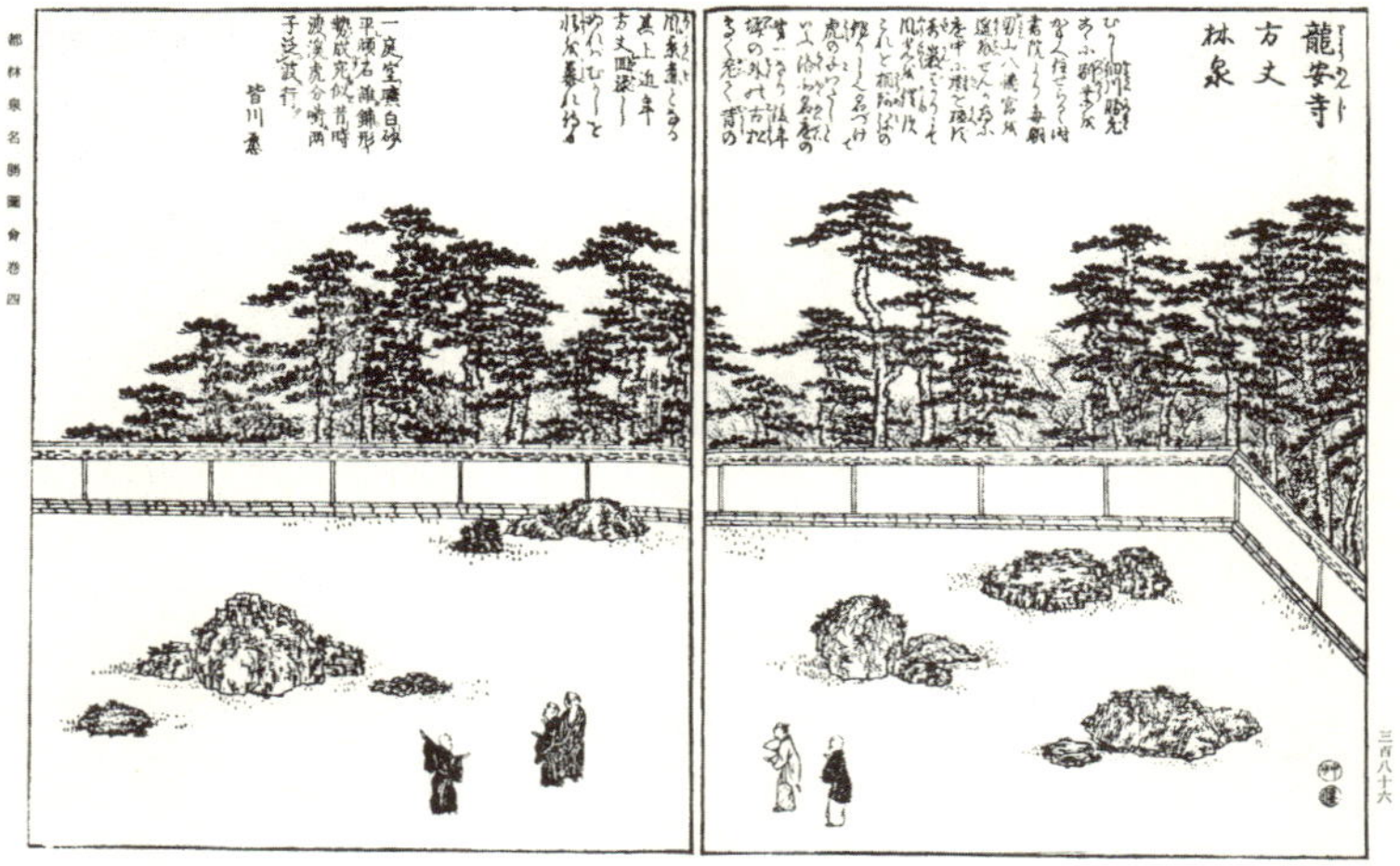

龍安寺石庭（『都林泉名勝図会』）

名で一躍、世界的に知られるようになりましたが、『都名所図会』（一七八〇年刊行）には石庭よりも鴛鴦《おしどり》の名所として鏡《きょう》容池《ようち》を紹介しています。しかし、『都林《みやこりん》泉名勝図会《せいめいしょうずえ》』には、「昔、細川勝元の別荘であった時、毎朝、書院から男山八幡宮（現・石清水八幡宮）を遥拝するために、庭に一本の木も植えなかった。奇岩だけを並べた景色だった。相阿弥《そうあみ》の作庭といい、『虎の子渡し』と称する洛北一の名庭である」とあり、「虎の子渡しの庭」という異称も記されるようになりました。

文豪・志賀直哉は随筆『龍安寺の庭』に、「其庭に一樹一草もない意味ではない。吾々は広々とした海は点在する嶋々を観、嶋々には鬱蒼《うっそう》たる森林の茂るのを観る」と記し、白砂は大海、点在する石は島と捉え、わずか七五坪ほどの庭のなかに大自然を観たようです。このような心持ちで、庭園観賞ができれば良いのですが……。

龍安寺は右京区竜安寺御陵下町にある臨済宗妙心寺派の名刹。本尊は釈迦如来。宝徳二年（一四五〇）、藤原実能の別荘を譲り受けた細川勝元が、義天玄承《ぎてんげんしょう》を開山として建立した。明治初期の廃仏毀釈の影響によって海外流失した狩野派作方丈襖絵「群仙図」「琴棋書画図」のうち六面が、二〇一〇年に帰還した。境内の茶室・蔵六庵の前にある「知足《ちそく》の蹲踞《つくばい》」と呼ばれる円筒形の手水鉢《ちょうずばち》は、方形の水穴を持ち、その周囲に「口」の字を共有する「五」「隹」「矢」「疋」の字を刻むことによって、「吾唯知足（われ、ただ足るを知る）」の一文を創出していることから命名されたものである。

66 添水《そうず》の木霊《こだま》を聴く

詩仙堂

日本庭園にはさまざまな装飾が施されていますが、竹筒を利用した悲しげな音を立てる「鹿威《しし おど》し」は鄙《ひな》びた山里にはピッタリなものといえます。もとは農具だったそうですが、竹筒に水を引き入れ、水が溜まるとその重みで反転し、元に戻る時に支持台である石を勢いよく叩き、快い音をたてるように設計された、水力を利用した音響発生装置です。

そのルーツは、興福寺の僧侶あった玄賓《げんぴん》僧都が備中《びっちゅう》湯川寺に隠遁したとき、田畑を荒らす鹿や猪、鳥などを音で威嚇して追いはらう仕掛けを創案したことによると伝えられています。師は栄達を嫌い、山里暮らしを好んだことから山田僧都とも称され、備中では稔りの秋になると、農夫姿で鳥獣を追いはらう案山子《かかし》役を務めたことから、農民たちに感謝され、親しみを込めて「山田の案山子」と呼ばれたそうです。

さて、この音響発生装置をはじめて庭園に配置したのは、江戸時代初期の漢詩人で書家、そして庭園設計にも精通していた石川丈山《じょうざん》（一五八三〜一六七二年）という人物です。彼は寛永一八年（一六四一）、五九歳の時、隠棲の地であった比叡山西麓一乗寺にある凹凸窠《おうとつか》（現・詩仙堂）を造営し、その庭にその装置を取り入れ、それを玄賓僧都の故事に倣って「添水《そうず》（僧都と

添水

も記す）」と名付けました。昭和三二年（一九五七）、西芳寺に同様のものが作られ、「鹿威し」と表記されてからは、この名が一般化したそうです。

それでは、竹・水・石のコラボレーションで生じる添水の音色は、どのようなものなのでしょうか。詩仙堂を訪れ、鹿威しの音を聞いた竹山道雄は『古都遍歴』のなかで「どんな楽器の音にも似ていない。空洞の中のみじかい木霊《こだま》のようである。竹筒にこもった響きが清水に洗われ、覆った木の葉の中に吸い込まれる」と記しています。静寂の中で竹筒から流れ出す水音、その直後に石を叩く竹筒の音は表現しがたいものですが、とくに余韻の素晴らしさがあります。

九〇歳まで凹凸窠で詩歌三昧の暮らしを送った丈山は、どのような思いで添水の音を聴いていたのでしょうか。喧噪の中で暮らす日々を逃れて、添水の余韻に耳を傾ける余裕を持ちたいものです。

詩仙堂は左京区一乗寺門口町にある曹洞宗寺院。もとは石川丈山の山荘。詩仙堂という名の由来は、三十六歌仙に因んで中国の詩家三十六人の肖像を掲げた「詩仙の間」による。詩仙は林羅山の助言のもと漢・晋・唐・宋の各時代から選ばれ、狩野探幽によって描かれた肖像画が「詩仙の間」の四方の壁に掲げられている。丈山の手による庭には、春はサツキが色づき、秋は楓が紅葉し、四季折々の美しさがある。東本願寺枳殻邸（渉成園）の庭園も石川丈山作と伝えられ、その頃、修学院離宮を造営した後水尾天皇から招請があったが「渡らじな　瀬見《せみ》の小川の　浅くとも　老の波たつ　影は恥かし」と詠んで応じなかった。天皇はその意を汲んで「渡らじな　瀬見の小川の　浅くとも　老の波そふ　影は恥かし」と手直しして返歌したという。

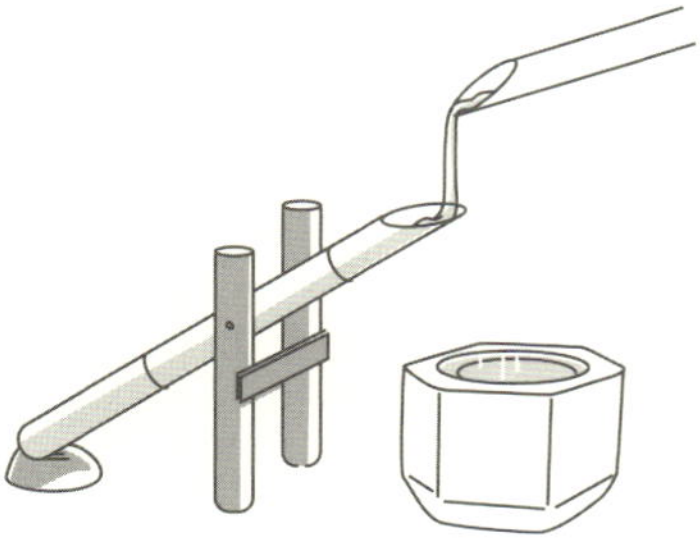

添水の構造図

67 小堀遠州創案の洞水門、水琴窟《すいきんくつ》の響き

円光寺

江戸時代初期の武将小堀遠州（一五七九～一六四三年）は、茶人としても造園家としても有名で、二条城造に際しては作事奉行を務めました。とくに、作庭において非凡な才能を発揮し、一八歳の時には「洞水門《どうすいもん》（伏鉢水門とも伏瓶水門ともいう）」という音響発生装置を発案していました。それは、茶室の庭に置かれる蹲踞《つくばい》（手水鉢《ちょうず》のこと）の下の水はけを良くすることから誕生しました。『桜山一有筆記』によると「蹲踞を使うと水はけが悪いために、水が溜まり、衣服も汚してしまう。洞水門を深く掘って簀子《すのこ》を当てて石を置くなど工夫したところ、上手く流れるようになった。師である古田織部を招いたところ『今まで、このような水門は見たことがない。遠州は名人になるだろう』と絶賛された」とあり、もとは排水装置だったのですが、いつの頃からか蹲踞の近くの地中に空洞を作り、その中に瓶《かめ》を逆さに埋めるようになりました。すると、瓶の中に排水された水が滴水化されて反響音を発するようになったのです。遠州が音響を発生させることを意図していたかどうかは不明ですが、洞水門の技法は秘伝として遠州の子孫である遠州茶道宗家に継承されています。

さて、洞水門は明治以降、「水琴窟」という風雅な名で呼ばれるようになりましたが、その

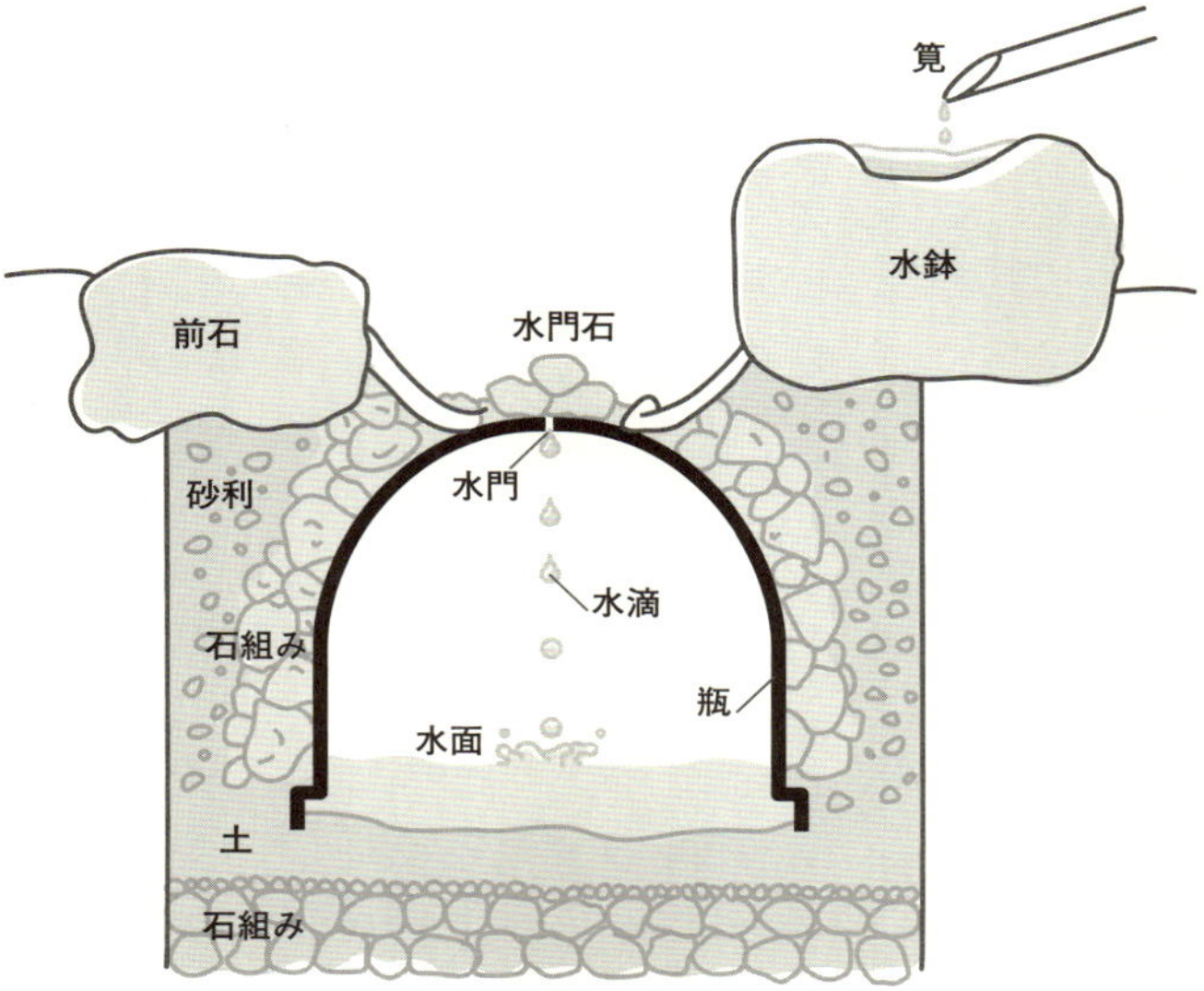

水琴窟の構造

存在が広く知られるようになったのは昭和五八年（一九八三）、朝日新聞東京版の「水の音色、江戸の風雅旧吉田記念館」という記事で紹介されたのが最初であろうといわれています。水琴窟の音は耳をすまさないと聞こえないほど微かなものですが、現代人には「ピチャピチャコロコロピチャーン」という澄んだ高音が、癒しの音色として受け入れられているようです。どのような反響音になるのか、予測がつかないところが魅力的なのでしょうか。現在、京都には円光寺、退蔵院などに水琴窟が設置されていますので、幽玄で涼やかな音色を聴くことができます。

✻水琴窟めぐり

円光寺（左京区一乗寺小谷町）	臨済宗南禅寺派の寺院で、創建は慶長六年（一六〇一）。本尊は千手観音。徳川家康の命によって、我が国における初期の活字本である「伏見版」の印刷事業が行われ、その版木活字・五万二三二〇個は重要文化財に指定されている。
退蔵院《たいぞういん》（右京区花園妙心寺町）	臨済宗妙心寺大本山妙心寺の塔頭寺院。応永一一年（一四〇四）に創建され、初期水墨画の代表作である「瓢鮎図《ひょうねんず》」（如拙作。国宝）を所蔵していることで有名。水琴窟は造園家・中根金作が作庭した「余香苑《よこうえん》」（一九六三年完成）と称する名園内にある。

68 石灯籠も情趣あふれる小さな桂離宮

曼殊院

修学院《しゅがくいん》離宮に程近く、比叡山の山懐に抱かれた曼殊院《まんしゅいん》は「小さな桂離宮」と呼ばれています。もとは比叡山西塔にあったのですが、明暦二年（一六五六）、良尚《りょうしょう》法親王（一六二二〜九三年）の時、この地に移され、数寄屋風の大書院・小書院、茶室「八窓軒《はっそうけん》」などが造営されました。書院内の釘隠《くぎかくし》や引き手金具など、随所に桂離宮を彷彿させる装飾がなされています。というのも、良尚法親王は桂離宮を造営した智仁《としひと》親王の第二皇子ですから、桂離宮の意匠に影響を受けたとしても不思議ではありません。

さて、曼殊院の庭園は桂離宮とは異なり枯山水庭園ですが、ここにも桂離宮を意識した石灯籠が置かれています。石灯籠は仏教伝来とともに日本にもたらされ、献灯として用いられていましたが、桂離宮も曼殊院の庭園も、ともに観賞用としても設置されているといえます。石灯籠は上から宝珠（擬宝珠《ぎぼし》ともいい、笠の頂上にある玉葱状のかざり）、笠（火袋の屋根になる部分で、六角形や方形が主流）、火袋（灯火が入る部分で、灯籠の主役部分）、中台《ちゅうだい》（火袋を支える部分）、竿《さお》（中台の下部にある長い柱部分）、基礎（最下部の足となる部分）からなっています。

日本庭園においては奇抜な形が喜ばれ、江戸時代の茶人・古田織部が好んだといわれる、竿

江戸時代中期　曼殊院型灯籠（京都・永山堂）

を埋め込んだ「織部灯籠」もその一つです。竿の部分に聖人ともみえる像が彫り込まれたものがあること、全体の形状が十字架を彷彿させることから大正時代末期には「キリシタン灯籠」とも呼ばれるようになりました。曼殊院の書院前にある「織部灯籠」様式の灯籠は、火袋にアーチ形と三日月形の火口を彫ったもので「曼殊院型灯籠」と呼ばれています。桂離宮には織部灯籠が七基も置かれていますが、曼殊院にはそれぞれ異なる意匠のものが五基、設置されているのです。

石灯籠は夜間の照明用としてだけでなく、日中は観賞する対象となることから様々なデザインが誕生したのでしょう。それにしても、「キリシタン灯籠」という命名は和洋折衷の不思議な響きがありますね。

曼殊院は左京区一乗寺竹ノ内町にある天台宗の門跡寺院。本尊は阿弥陀如来。天暦年間（九四七〜九五七年）、是算《ぜさん》の時は東尾坊《とうびぼう》と号し、天仁年間（一一〇八〜一一一〇年）、八世・忠尋《ちゅうじん》の時から曼殊院と称するようになった。その後、文明年間（一四六九〜八七年）慈運が入寺してから代々法親王が入寺することになった。二九世・良尚法親王は国学・和歌・書・茶の湯・立花・香・画・作庭に造詣が深く、画を狩野探幽・尚信兄弟に学び、池坊華道を修めた。平安時代の絹本着色「国宝・不動明王像（黄不動）」は青蓮院の「青不動」、高野山明王院の「赤不動」と並んで三大不動尊と称されている。小書院北側に隣接する茶室「八窓軒（重要文化財）」は室内に連子窓・下地窓・突上窓を合わせて八つの窓があり、躙口《にじりぐち》上の連子窓は、虹のような影が生じることから「虹の窓」と称されている。また、小書院前にある「梟《ふくろう》の手水鉢」も有名。

69 瓜畑が広がる桂の地に現れた山荘

桂離宮

藤原道長が別業《べつごう》を築いた洛西・桂の地は、江戸時代初期には瓜畑が広がる田園地帯となっていました。道長の別業跡地に、後陽成天皇の弟・智仁《としひと》親王（八条宮家を創設。一五七九～一六二九年）は『智仁親王書状』（一六一九～一六二〇年）に「下桂瓜畑のかろき茶や」とあるように軽快さをコンセプトとした「桂御山荘」（のちの桂離宮）を造営しました。元和六年（一六二〇）頃には本格的な建設が始まり、古書院や月見台などが造られ、月の名所として知られた桂の地で名月を観賞するために造営されたとも伝えられています。ちなみに、桂の地名の由来は、中国の故事「月桂（月に生えている木）」によるものです。

寛永元年（一六二四）六月には完成していたようで、山荘に招かれた相国寺の僧・昕叔顕晫《きんしゅけんたく》は「庭には築山や池をつくって船を浮かべ、茶亭からは四方の山がみえる。天下の絶景である」と『鹿苑日録』に絶賛し、書き留めています。

智仁親王の没後、山荘は荒れるにまかせるといった状態だったようですが、二代智忠《としただ》親王に継承されると、古書院に接続する中書院が増築されました。さらに、明暦四年（一六五八）の後水尾天皇の行幸に際して、新御殿の造営とともに苑池の周囲に松琴亭《しょうきんてい》・賞花亭《しょうかてい》・笑意軒《しょういけん》・月《げっ》

穂垣（大津・覚性律庵）

波楼《ぱろう》の四棟の茶屋を設けるなど庭園整備が行われたのでした。この整備において、古典に親しんだ智忠親王は『源氏物語』の六条院・春の庭を念頭に置いていたと伝えられています。たとえば、茶屋には船屋を付属させ、平安貴族に倣って船遊びが楽しめるようにしています。さらに、苑池に引き込んだ桂川の水の通り路は平安貴族が船遊びを楽しんだ「大堰川」と名付け、箕面の「鼓の滝」を摸したといわれる滝を造り、池の汀には扁平な賀茂川石を敷き詰め、「天の橋立」と呼ぶ小島や、「住吉の松」など海辺の風情を再現するなど見立ての技法も駆使されています。

このように三度にわたる造営で、現在の桂離宮が完成したのですが、その美的価値を世に知らしめたのは、ドイツ人建築家ブルーノ・タウト（一八八〇～一九三八年）でした。彼は桂離宮に魅了され、いくつもの名言を残しています。たとえば、表門（御成門《おなりもん》）から黒門（通用門）までの間に巡らされた二種の竹を組み合わせた「穂垣《ほがき》」の意匠をみて「モダンだ！」の嘆声をあげました。さらに、書院のまっ白な明障子《あかりしょうじ》、瀟洒な黒角柱との対比の妙味、そして、庭園と一体となっている造形美を「泣きたくなるほどに美しい」と絶賛したのでした。

文化の違いを超え、日本人に桂離宮の美を気づかせてくれたブルーノ・タウトに感謝しなければなりませんね。

桂離宮は西京区桂御園町にある元・桂宮家別荘で、桂宮家廃絶後、皇室に移管され桂離宮と称するようになった。江戸時代前期の代表的数寄屋風書院造建築。総面積約七万平方メートル、そのうち庭園部分は約五万八千平方メートルである。古書院をはじめとする建物群はすべて入母屋造、柿葺で雁行形書院造を基調としているが、寝殿造を模した高床式が採用されている。桂離宮には竹が多用され、外界との区切となる「桂垣《かつらがき》」は苑内の竹藪に生えている竹を押し曲げ、穂先を下に向くように編んだ垣根である。茶屋内部にも凝った装飾がなされ、新御殿の一の間にある「桂棚」は修学院離宮の「霞棚」、醍醐寺三宝院宸殿の「醍醐棚」とあわせて「天下の三名棚」の一つに数えられる。

70 雄大なパノラマが広がる庭園の妙

修学院離宮

桂の山荘に三度も行幸した後水尾天皇は、承応四年（一六五五）三月一三日、比叡山西麓・修学院《しゅうがくいん》の地に山荘（のちの修学院《しゅがくいん》離宮）を造営することを決心しました。『槐記《かいき》』（山科道安が記した一七二四～三五年までの記録）が伝えるところによれば、みずから設計図を作成し、雛型を作って構想を練り、一木一草、一石にいたる配置まで指示したそうです。四年後の万治二年（一六五九）にはほぼ完成し、八五歳で崩御するまで三一回もの行幸があったといいます。

さて、天皇が大変お気に入りの山荘の魅力は、比叡山麓の傾斜地（高低差約四〇メートル）を利用した立地条件ではないかと考えられます。現在、上御茶屋《かみのおちゃや》・中御茶屋《なかのおちゃや》・下御茶屋《しものおちゃや》と呼び習わす三ヶ所の庭園からなり、比叡山を富士山に見立てるなど、桂の山荘にもみられる見立ての技法による風景の創作が随所に行われています。

上御茶屋には「浴龍池《よくりゅうち》」と呼ぶ総面積一万一五〇〇平方メートルにもおよぶ大・人工池があります。池の上方にある大滝（雄滝《おだき》ともいい、高さ約六メートル）は紀伊国・那智の滝に見立てたものであるともいわれ、激しい水音をたてて清水を落下させています。しかし、浴龍池に到達するころには小川のような静かな流れとなっています。この池は谷水を大堰堤《おおい》（高さ一三メー

富士山に見立てられた比叡山

トル、延長二〇〇メートル）を築いて溜めたもので、その堤防を補強するために四段の石垣が組まれています。石垣を三段の高生垣《たかいけがき》と大刈込みによって覆い、椿・山茶花《さざんか》・躑躅《つつじ》・榊《さかき》・杉・桧《ひのき》などの潅木や喬木を混植して周囲の景観との調和が図られています。そのスケールたるや圧巻というほかありません。

この山荘の醍醐味は、もっとも高い場所に位置する隣雲亭《りんうんてい》からの眺望でしょう。眼下には浴龍池、大刈込み、棚田などが広がり、遠くは愛宕《あたご》山までが望めるのです。この場所に立った時、後水尾天皇もさぞやご満悦の境地であっただろうと実感できます。修学院離宮は、まさに大パノラマ庭園といえるでしょう。

修学院離宮は左京区修学院藪添町にある後水尾天皇が造営した山荘。天皇崩御後、主要な建築物は失われ、光格天皇（一七七九〜一八一七年）の行幸に際して、徳川家斉（一七七三〜一八四一年）が大修理、復興した。上・下御茶屋は明治一七年（一八八四）、宮内省の所管となり、後水尾天皇の皇女の御所として造営された中御茶屋は、翌年、修学院離宮に編入された。総面積約五四万五千平方メートル（庭園地区約八万六千平方メートル、樹林地区約三万八千平方メートル、棚田約八万平方メートル）の敷地を有している。

下御茶屋には池泉回遊式庭園のなかに後水尾天皇行幸時の御座所となった寿月観《じゅげつかん》が建ち、中御茶屋には楽只軒《らくしけん》、客殿の二棟がある。上御茶屋には隣雲亭《りんうんてい》のほか、窮邃亭《きゅうすいてい》がある。どの建築物も趣向を凝らした装飾が施されている。

12カ月のおすすめコース

春

3月

㊴桂離宮→⓻⓪修学院離宮

4月

A　❸醍醐寺→㊵清水寺→円山公園

B　嵐山→㉖小督塚《こごう》→58天龍寺→❿清凉寺

C　❹仁和寺→❺⓪千本閻魔堂→④平野神社

5月

⓳京都御所→❾廬山寺→⓬下鴨神社→河合神社→相生社→⓲上賀茂神社→社家町→❺大田神社

春のおすすめコース

三月

春風に誘われて 名建築・名庭園をめぐる

69桂離宮→70修学院離宮

日本庭園の最高峰ともいわれる桂離宮と修学院離宮を一日で拝観しようという、贅沢な試みです。両離宮とも事前申し込みが必要ですが、たとえば、桂離宮を九時に、修学院離宮を午後一時半ぐらいに予約をしておくと余裕をもって移動できます。

写真集やインターネットで予備知識があるほうが、満載の見所を見逃さないでしょう。桂離宮は庭園と建築物の調和美はもとより、松琴亭の市松模様の襖のモダンさ、「天下の三名棚」のひとつ、新御殿の「桂棚」など、もっと観ていたいと思わせますが、拝観時間は約一時間と限られていますから注意しましょう。さて、洛西から修学院離宮のある洛北への移動ですが、修学院離宮は最寄りの公共交通機関から約一キロあります。この離宮の魅力は傾斜地を利用して、上・中・下の御茶屋を点在させていることです。各々の建築物の装飾もすばらしいのですが、人工池の浴龍池・高生垣・大刈込みなどスケールの大きさは注目に値します。そして、上御茶屋からは棚田を見下ろし、遠くは愛宕山まで眺望できる大パノラマが展開します。離宮内の移動で疲れてしまっても、この景色には、きっと癒されます。（69、70参照）宮内庁のホームページから事前予約の方法をチェックしましょう。

四月

観桜にくれる一日

A 3醍醐寺→40清水寺→円山公園

豊臣秀吉が催した「醍醐の花見」で有名な醍醐寺の桜は、三月二〇日ぐらいから三週間ほど楽しめ、総門から桜のトンネルが続きます。醍醐山頂にいたる整備された参道を約一時間かけて登り切ると、西国観音霊場のひとつ、上《かみ》醍醐に到着します。参道途中に湧き出ている「醍醐水」は、疲れを癒す、まさに醍醐味です。ゆっくりと下山したのちは、やはり京都観光のナンバーワンに君臨する清水寺を目指しましょう。清水の舞台から見下ろす桜の景観は、絶景です。ここでは、音羽の滝の水をいただき、祈りをささげましょう。そして、夜は「祇園の夜桜」で有名な円山公園を散策して桜づくしの一日を過ごしてはどうでしょうか。（❸、㊵参照）

B　嵐山→㉖小督《こごう》塚→58天龍寺→❿清涼寺

嵐山では、王朝人の船遊びさながらに、屋形船に乗っての観桜をお勧めします。お花見シーズンは散策の人混みをさけて、全山桜色に染まる嵐山の自然美をダイナミックに堪能することができるでしょう。下船して渡月橋北詰東にある小督塚をみて、『平家物語』に語られた悲恋に泣いた小督を偲んだあとは、嵐山名物・桜餅を食べながら少し休憩。そして、天龍寺で加山又造筆の「雲龍図」の壮大さを実感したいものです。

最後は、光源氏に会いに清涼寺へと嵯峨野を歩きましょう。（㉖、58、❿参照）

C　❹仁和寺→㊿千本閻魔堂→④平野神社

四月も中旬になると葉桜の季節になり、開花している桜が残っているところは少なくなります。それでも、名残の桜を観賞したいときには仁和寺に出かけてはどうでしょうか。遅咲きで有名な「御室桜」にお目にかかれますよ。ちょうど、同時期に千本閻魔堂の「普賢象桜」も見頃を迎えます。また、六〇種もの桜が植えられている平野神社にも遅咲きの桜がありますので、葉桜のなかに覗く遅咲きの桜を愛《め》でるのも風情がありますね。（❹、㊿参照）

五月

葵祭ゆかりの地を歩く

⑲京都御所→⑨廬山寺→⑫下鴨神社→河合神社→相生社《あいおい》→⑱上賀茂神社→社家町→⑤大田神社

平安の昔、まつりといえば葵祭（賀茂祭）のことでした。まずは、葵祭の出発点である京都御所を拝観して王朝人の気分に浸りましょう。そして、葵祭のことも記した『源氏物語』の作者・紫式部旧邸宅と比定された廬山寺を尋ねましょう。

つぎに、下鴨神社に足を運ぶと糺《ただす》の森の南端に摂社・河合神社があり、美人祈願のパワースポットとして人気急上昇中です。この神社の禰宜《ねぎ》の家に生まれたのが『方丈記』を記した鴨長明で、境内には「長明の庵」が再現されています。

瀬見《せみ》の小川の水音を聞きながら糺の森を北上すると、縁結びの御利益で知られる末社・相生社があります。下鴨神社御手洗池に湧く水泡をかたどった「みたらし団子」を味わいながら休憩し、一路、上賀茂神社を目指しましょう。

競馬《くらべうま》が行われる馬場、本殿前の立砂《たてずな》なども素晴らしい景色ですが、神社に隣接する明神川沿いに築かれた社家町《しゃけまち》の景観は一見の価値があります。美食家で有名な北大路魯山人は、この社家町の出身だそうです。この地域限定の発酵させた漬物「すぐき」を食してみてはいかがでしょう。

最後に、上賀茂神社の脇にある大田神社の沢に群生する杜若《かきつばた》を観賞し、尾形光琳の世界を垣間みるのも一興です。（⑲、⑨、⑫、⑱、⑤参照）

夏

6月

㉚三千院→㉛寂光院→68曼殊院→67円光寺→66詩仙堂

7月

46八坂神社→38建仁寺→32錦市場

8月

49六道珍皇寺→50千本閻魔堂→51上品蓮台寺→52化野念仏寺

夏のおすすめコース

六月

初夏を彩る青もみじ

㉚三千院→㉛寂光院→68曼殊院→67円光寺→66詩仙堂

入梅の時期、出かけるのが億劫になりがちですが、青もみじが目を楽しませてくれます。もちろん、青もみじの名所は紅葉の名所でもありますから、秋に再訪するのも良いでしょう。さて、最初に拝観する三千院は青もみじと絨毯のように敷き詰められた苔に杉木立が映えて美しく、どこかから天台声明の声も聞こえてきそうです。せっかく大原に来たのですから、里山の風景を眺めながら建礼門院ゆかりの寂光院にも足を延ばしましょう。大原の里に別れを告げたら、一乗寺にある曼殊院を目指しましょう。

曼殊院は枯山水庭園の青もみじも綺麗ですが、石段の下から仰ぐ勅使門に懸かる青もみじのアーチが白い築地塀《ついじべい》に映えて涼やかです。

このコースの最後は、日本庭園ならではの音響発生装置を尋ねましょう。円光寺では「洞水門（水琴窟）」の音色に、詩仙堂では「添水《そうず》（鹿威し）」の木霊《こだま》に耳をすましましょう。（㉚、㉛、68、67、66参照）

七月

祇園祭一色、四条界隈をめぐる

㊻八坂神社→㊳建仁寺→㉜錦市場

清少納言も閉口した京の夏。梅雨明けも近い、祇園祭の頃には、まさに夏本番を迎え、うだるような暑さになります。祇園祭のハイライトは山鉾の巡行がある前祭《さきまつり》（一七日）と後祭（二四日）ですが、実は七月一日の吉符入りに始まり、三一日の疫神社夏越《なごし》祭まで、関連行事がいくつもある一ヶ月にもおよぶ祭礼です。

一〇～一四日のあいだ、前祭に巡

行する山や鉾を伝統の手法で組み立てる山建て・鉾建ても行われ、見学することができます。さらに、宵山（一四～一六日）では祇園囃子が賑やかに奏でられるなか、秘蔵の屏風を飾り付ける屏風祭の伝統を守っている家々もあり、町衆の心意気が感じられます。一六日には、八坂神社では宵山恒例の献茶式があります。日本に喫茶習慣を定着させた栄西禅師が開いた建仁寺は、八坂神社からそれほど遠くありませんから足を運んでみてはいかがでしょうか。

　さて、祇園祭は別名「鱧《はも》祭」といい、鱧が夏の京料理の主役となります。京の台所《だいどこ》・錦市場で鱧の焼き物や鱧鮨を買い求めて、賞味するのもよいかもしれません。（㊻、㊳、㉜参照）

八月

京都のお盆行事を体感

㊾六道珍皇寺→㊿千本閻魔堂→(51)上品蓮台寺→(52)化野念仏寺

　小野篁《たかむら》が冥府に通ったと伝えられる井戸がある六道珍皇寺が、もっとも賑わうのは八月七日から一〇日のあいだ、京都の人々がお精霊《しょらい》さんをお迎えするための「お迎え鐘」を撞きに参詣する時期です。地獄の閻魔大王と小野篁の木像をお参りしたのちは、西へ移動し、千本閻魔堂の名で知られる引接寺に足を運び、またもや、こわ～い形相の閻魔様にお目にかかりましょう。そこから少し北の方角にある上品蓮台寺は、能楽「土蜘蛛」ゆかりの「土蜘蛛塚」がありますから、立ち寄ってみたいものです。

　さて、一六日の大文字をはじめとする「五山送り火」をもって一連のお盆行事は終わりを迎えますが、二三日には京都のあちこちで地蔵盆が行われます。綺麗にお化粧したお地蔵さまを見てあげてくださいね。夜は化野の千灯供養に詣でて、幻想的な世界にひたるのもよいでしょう。

（㊾、㊿、(51)、(52)参照）

秋

9月
⓮野宮神社→大河内山荘→落柿舎→㉔祇王寺→㉕滝口寺

10月
㊀銀閣寺→迎称寺→❻常林寺→❻梨木神社

11月
A　㊱南禅寺→⑦永観堂→④哲学の道→金戒光明寺→⑦真如堂

B　❽神護寺→西明寺→高山寺

C　❸醍醐寺→㊼東福寺→東寺

秋のおすすめコース

九月

竹林の嵯峨野を歩く

⓮野宮神社→大河内山荘→落柿舎《らくししゃ》→㉔祇王寺→㉕滝口寺

秋の観光シーズンには、少し早い白露の頃、嵯峨野で一日を過ごしてはどうでしょう。

野宮神社の少し北に、新名所「竹林の散策路」と名付けられた遊歩道があります。嵯峨野一帯の竹林は有名で、一年を通して嵯峨野の雰囲気が満喫できます。サヤサヤと竹林を吹き抜ける風も旅情を誘いますね。

ここから、昭和の時代劇俳優・大河内傳二郎（一八九八〜一九六二年）が築いた邸宅「大河内山荘」までは、竹林のメインコースです。大河内山荘には嵐山・比叡山・保津峡を借景とした庭園があり、京都の町並みが一望できます。

竹林で森林浴を楽しみながら、『平家物語』ゆかりの地・奥嵯峨に足を進めましょう。道沿いには俳人・向井去来（一六五一〜一七〇四年）の草庵・落柿舎があります。師にあたる松尾芭蕉も訪れたそうですが、茅葺き屋根の侘びた風情をみながら一句ひねることができれば粋ですね。

さて、奥嵯峨に入ると静寂な空気が流れています。白拍子妓王が隠棲した祇王寺、そして、すぐ隣には横笛との悲恋を断ち切った滝口入道が住んだという滝口寺がひっそりとした佇まいをみせてくれます。（⓮、㉔、㉕参照）

十月

萩を観賞して、秋の風情を楽しむ

61銀閣寺→迎称寺→❻常林寺→❻梨木神社

秋は月が美しく耀く季節です。まず、コースのスタートは、月に魅了された足利義政が造営した銀閣寺からです。庭園には白砂で作られた向月台があり、義政はここに映し出された月を銀閣から観賞したと伝えられています。お洒落ですね。

さて、月見には薄《すすき》や萩の花を飾る習慣がありますので、つぎに萩の名所を尋ねてみましょう。真如堂のすぐ側にある迎称寺の土塀には、寄り添うように白や紫色の萩が咲き乱れています。まるで、萩の垣根のようです。さらに、「萩の寺」の別称がある常林寺に廻ってみると、こちらも見事で境内は萩で埋め尽くされている感があります。迎称寺も常林寺も、あまり混雑しませんのでゆっくりと秋の風情を楽しむことができます。

最後は、京都御所清和院御門のそばにある梨木神社です。「萩の宮」とも呼ばれる名所であるとともに、境内にある「染井《そめい》」は京の名水のひとつです。まろやかな美味しい名水を味わって、疲れを癒してはいかがでしょうか。（61、❻参照）

十一月

色づく京都を味わう 紅葉めぐり

A ㊱南禅寺→⑦永観堂→④哲学の道→金戒光明寺《こんかいこうみょうじ》→⑦真如堂

南禅寺三門前の紅葉は、石川五右衛門ならずとも「絶景かな……」といいたい美しさです。さらに、オススメはテレビドラマの撮影にも使われるアーチ型の水路閣《すいろかく》で、近代建築物と紅葉のマッチングがすばらしいスポットです。南禅寺から数百メートル歩くと、古くから「秋は紅葉の永観堂」といわれた永観堂に到着します。紅葉観賞とともに、首を左に曲げて振り返った姿の「みかえりの弥陀」も必見です。

このあとは、幕末、京都守護職・会津藩松平容保の宿舎となった金戒光明寺で紅葉を堪能しましょう。疏水に映える紅葉が美しい哲学の道を経由するのも良いかもしれません。「紫雲の庭」に立つと緑の樹木と白砂に紅葉が映えて、コントラストが絶妙です。このコースの最後は、金戒光明寺のすぐ側にある真如堂でしめくくりましょう。本堂裏の苔庭に落ちた紅葉は絨毯のように敷き詰め

られ美しく、本尊の「うなずきの弥陀」も柔和なお顔です。（㊱、❼参照）

永観堂・金戒光明寺はライトアップあり。

B ❽神護寺→西明寺→高山寺

高雄（高尾とも書いた）、栂尾《とがのお》、槇尾《まきのお》は「三尾《さんび》」と称して桃山時代あたりから紅葉狩の名所として知られていました。この三ヶ所をぐるっと一巡りしてみましょう。神護寺は、京都でもっとも早く紅葉が色づくことで有名です。風情ある長い石段の参道のそこかしこで紅葉を愛でながら、楼門に辿り着くと、境内は燃えるような紅葉一色です。とくに、一番奥にある地蔵院は絶景で、ここから眺める「錦雲渓《きんうんけい》」もおすすめスポットです。

さて、次なる槇尾・西明寺までは徒歩三〇分ほどかかりますが、こじんまりした紅葉の名所で、静かに観楓が楽しめます。最後に『鳥獣戯画』で有名な栂尾・高山寺へは所要時間、徒歩一五分程度。三ヶ寺とも山間にありますので、ハイキング・スタイルで訪れるほうが良いかもしれません。ちなみに、神護寺はライトアップも行われ、夜間は違った雰囲気で紅葉が楽しめそうです。（❽参照）

C ❸醍醐寺→㊼東福寺→東寺

桜の名所・醍醐寺は、豊臣秀吉が存命であったなら紅葉狩に訪れたいと望んでいました。花見シーズンに訪れることができなくても、桜にひけをとらない紅葉が観賞できます。

つぎは、「通天橋」から広がる渓谷に色づく紅葉を愛でに、東福寺へ向かいましょう。とくに、開山・聖一国師が宋から種を持ち帰ったという由緒がある「唐楓《とうかえで》（通天もみじともいう）」は黄葉が美しいのでお見逃しなく。

最後は、京都のシンボル的存在、東寺の五重塔をみに行きましょう。この季節は紅葉が五重塔を赤く彩りますよ。毎月二一日は朝五時頃から夕方まで千店以上の露店が立ち並ぶ「弘法市」が催されますので、この日に合わせると面白いお宝にも巡り会うことができるかもしれません。

（❸、㊼参照）醍醐寺・東寺はライトアップあり。

冬

12 月

②妙蓮寺→②地蔵院→②等持院→65龍安寺

1 月

⓴伏見稲荷→37萬福寺→55宇治上神社→56平等院

2 月

❶北野天満宮→⑬勧修寺→①随心院

冬のおすすめコース

十二月

茶人が愛玩した椿の観賞

②妙蓮寺→②地蔵院→②等持院→(65)龍安寺

桃山時代以来、武将も茶人も愛玩した椿は、江戸時代には多数の園芸品種が作り出されました。まずは、天明の大火まで大伽藍を誇り、千宗旦の逸話でも知られる朱紅色一重の「妙蓮寺椿」を観賞しましょう。つぎは、「椿寺」とも呼ばれる地蔵院。白や薄桃色に咲き分け、一枚一枚花びらが散っていく名品「五色八重散椿」は、花ごと落ちる椿と違う風情があります。

茶人・織田有楽斎が好んで茶室に生けた「有楽斎椿」を等持院で、最後に龍安寺の日本最古の「侘助椿」で、千変万化の椿の花の観賞を締めくくりましょう。椿が植えられているお庭の観賞もお忘れなく。（❷、(65)参照）

一月

初詣もさめて

⑳伏見稲荷→㊲萬福寺→(55)宇治上神社→(56)平等院

伏見稲荷は例年、全国初詣ランキングで第二位を誇る人気の神社です。清少納言が詣でた初午《はつうま》（二月最初の午の日）も混雑しますので、小正月《こしょうがつ》あたりに参詣してはどうでしょうか。参道には名物の「すずめの丸焼き」や「稲荷せんべい」のお店が軒を連ねています。京阪電車には「伏見稲荷」という駅がありますが、千本鳥居をイメージさせるかのように駅全体が赤を基調として装飾されています。

京阪宇治線に乗り継ぎ、萬福寺を目指すと、そこは中国情緒溢れる一帯です。門前には普茶料理専門店もあり、ランチも楽しめます。満腹になったところで、『源氏物語』宇治十帖の舞台・宇治を目指しましょう。散策道「さわらびの道」が整備され、物語の世界に誘ってくれます。宇治川を挟んで、世界遺産の宇治上神社、平等院があり、周辺には茶処・宇治にふさわしい茶舗や「茶団子」などスイーツのお店も並んでいます。（⓴、37、55、56参照）

二月

梅の香《か》に誘われて

❶北野天満宮→⓭勧修寺→①随心院

梅花は春告草《はるつげぐさ》の異名があり、開花するとかぐわしい香りを満喫できます。京都で梅の名所といえば一も二もなく北野天満宮でしょう。境内は祭神・菅原道真が愛した梅花で埋め尽くされています。このシーズンの宝物殿には、道真が唐に渡った姿を描いた「渡唐《ととう》天神図」などが展示されます。北野大茶湯の茶菓にも用いられた「長五郎餅」も美味しいですよ。

さらに、地下鉄などを乗り継ぐと、山科区にある勧修寺と随心院に足を延ばすことができます。勧修寺の庭園では「臥竜の老梅」を観賞するとともに藤原高藤と宮道列子のロマンスに思いを馳せてはいかがでしょう。小野小町とゆかりが深い随心院の小野梅園には薄紅色の「はねずの梅」があり、小町の晩年の姿とされる卒塔婆小町像などの遺跡もあり、若き日の小町を想像するのも楽しいのではないでしょうか。

（❶、⓭参照）

あとがき

私が、ここぞ行ってみたいと思った最初の京都巡りは下鴨神社の「連理の賢木《さかき》」で、高校生のときでした。当時、漢文の授業で白居易の『長恨歌』を習ったとき、相思相愛の玄宗《げんそう》皇帝と楊貴妃の仲睦まじさを「地に在《あ》りては連理の枝とならん」という表現を耳にしました。そして、下鴨神社に二本の賢木が途中で繋がった連理の枝があると聞き、早速、友人たちと出かけました。ひっそりと佇む連理の賢木を見つけて、大満足でした。今、思いかえせば、とてもマニアックですね。

「歴女」でも、「仏女」というわけでもありませんでしたが、その頃から名所旧跡や神社仏閣に行ってみたいという好奇心だけは旺盛でした。その後も、事あるごとに訪ね歩き、すっかり京都探訪はライフワークのようにもなっています。生まれ育った環境によるものでしょうか。我が家のそばには平安京の鬼門除けとされた赤山禅院《せきざんぜんいん》、修学院離宮《しゅがくいんりきゅう》があり、曼殊院・詩仙堂・円光寺もそう遠くなく、ガイドブックには常に紹介されている、いわば観光地に身を置いているわけです。観光客がワンサと訪れる場所ではありませんが、鄙びた感じが散策するには打ってつけの地域なのです。そして、それらは比叡山の裾野に広がっているのです。

朝夕、仰ぎみる比叡山は、春になると山裾から頂《いただき》へと桜の薄紅色が上ってゆくと、まるで笑っているようにみえます。燃え立つような新緑が眩しくみえるようになると、油照りの蒸し暑い夏が到来し、山全体が青く耀いてみえます。錦秋を過ぎ、ほんの少し綿帽子をかぶった比叡山、それに連なる東山三十六峰も眠ったようになってしまいます。こんなふうに清少納言も都の風景を眺めていたのだろうか考えると、『枕草子』も『源氏物語』の世界も身近なものと感じられるのは、私だけではないと思います。

この度、執筆にあたり、項目に挙げた名所旧跡を一巡してみましたが、以前、見過ごしていたことや、新たな発見なども多々ありました。広い知識を持って観賞していたら、もっと感動していたかもしれないと思うと残念でなりませんでした。正直なところ、もっと、京都の魅力を探りたいという意欲が再燃した次第です。

本書のイメージ図版の多くは、京都洛北・鷺森神社の宮司でありました石葭城・石治両氏の遺作であり、掲載をお許しいただいた現宮司・鷺森神社雅楽保存会会長石晴彦氏、ならびに写真撮影にご協力いただいた写真家打田浩一氏、京都・永山堂様に厚く御礼申し上げます。

最後になりましたが、出版にあたり御高配いただきました京都通であられる春秋社会長神田明氏、社長澤畑吉和氏、編集部佐藤清靖氏、手島朋子さんに心より感謝申し上げます。

二〇一七年　秋

鳥居本幸代

鳥居本幸代（とりいもと・ゆきよ）
一九五三年生まれ。同志社女子大学家政学部卒業。京都女子大学大学院修了、家政学修士。
神戸女子短期大学助教授・姫路短期大学助教授・姫路工業大学環境人間学部助教授を経て、現在は京都ノートルダム女子大学生活福祉文化学部教授。
著書に、『平安朝のファッション文化』『精進料理と日本人』『雅楽――時空を超えた遙かな調べ』『千年の都　平安京のくらし』『和食に恋して――和食文化考』（春秋社）など。

京都人にも教えたい京都百景

二〇一七年一〇月二五日　第一刷発行

著者　鳥居本幸代
発行者　澤畑吉和
発行所　株式会社春秋社
東京都千代田区外神田二－一八－六　〒一〇一－〇〇二一
電話（〇三）三二五五－九六一一
振替〇〇一八〇－六－二四八六一
http://www.shunjusha.co.jp/
印刷所　萩原印刷株式会社
ブックデザイン　河村誠
定価はカバー等に表示してあります。
 ISBN978-4-393-48227-8

◆鳥居本幸代の本◆

和食に恋して　和食文化考

和食の起源から様々な和食の料理、「会席料理」と「懐石料理」の違い、「精進料理」のこと、和食のマナーなど、和食の全てが分かる本。これであなたも和食のオーソリティ。

２０００円

平安朝のファッション文化

服飾に反映された平安朝の時代精神を、女流文学や絵巻物等から読み解く。平易で簡潔な文章と広汎な事例を配し、平安文学を読み解くためのハンドブックとしても最適な一冊。

２５００円

千年の都　平安京のくらし

１２００年前の京都はどのような都で、人々はどのように暮らしていたか。平安京の町並みから貴族の生活に至るまで、図版と事例を用いて平易に解説する平安時代がわかる一冊。

２５００円

精進料理と日本人

「和食」は江戸時代に誕生した！　万葉の時代から日本人の食文化を振り返り、そこに多大な影響を与えた「精進料理」と、その背景に流れる仏教思想をあますところなく語る。

２３００円

雅楽　時空を超えた遙かな調べ

あの光源氏も親しんだという「雅楽」の世界とは。奈良の出自から平安王朝文化の最盛期をへて、現代に至るまでの来歴をたどりつつ、その魅力を余すところなく語る。

２５００円

※価格は税別